Malte Roeper

Kinder raus!

Zurück zur Natur:
Artgerechtes Leben für den kleinen Homo sapiens

südwest°

**Die Schwärmerei für die Natur kommt von
der Unbewohnbarkeit der Städte.**

Bertolt Brecht

Margret und Eugen Nevermann gewidmet

Inhalt

Ein sehr einfacher Gedanke

Warum Kinder draußen zu Hause sind

Warum überkommt uns moderne Menschen jedes Mal dies seltsame Gefühl, wenn wir endlich mal wieder vor einem offenen Feuer sitzen? Diese Beruhigung, woher kommt sie? Wir sitzen da, starren in die Glut und denken: Alles prima. Diese Wärme, das Flackern ... Mit prüfendem Blick werfen wir den nächsten Ast in die Flammen und wissen: Ja, ich habe jetzt das Richtige getan. Denken Sie an Ihren letzten Abend am Feuer zurück. War das gut oder nicht?

Wir haben es längst vergessen, aber tief drinnen sind wir damit noch immer vertraut und verbunden: Am Feuer zu sitzen war über Zehntausende von Jahren gleichbedeutend mit Sicherheit, Schutz, Geborgenheit. Gerade weil wir uns das Leben in der Vorzeit im Großen und Ganzen als reichlich ungemütlich vorstellen müssen. Hunger war Alltag, Verletzung oder Krankheit konnte jederzeit den Tod bedeuten. Frauen starben bei Geburten. Oder die Babys. Die Suche nach Nahrung bestimmte den Tag, den Monat, das Jahr. Das Wort „Suche" ist hier wörtlich zu nehmen, und viel zu essen gab es nicht, schon gar nicht in der kalten Jahreszeit. Und mancherlei Essbares lief davon, wenn man schlecht zielte. Es gab keine Ölpreiserhöhung, es gab keine Heizung, es gab noch nicht einmal Häuser. Wem das zu hart war, der brach nicht den Urlaub ab, sondern starb.

Saßen unsere Vorfahren aber am Feuer, hatten sie für eine Weile Feierabend vom Vollzeit-Survival. Feuer besaß für sie – die kein Schuhwerk und keine wetterfeste Kleidung in unserem Sinne hatten – einen Stellenwert, den wir heute schlicht nicht mehr ermessen können.

Vermutlich saß die Sippe zusammen am Feuer, denn wir können davon ausgehen, dass alle etwas haben wollten,

wenn gegrillt oder gekocht wurde oder man Knollen in der Glut liegen hatte. Somit bedeutete Feuer außer Wärme und Sicherheit auch Gemeinschaft und Essen. Das alles hatte man, wenn man am Feuer saß. Oder anders ausgedrückt: Alles prima.

Viele dieser Verknüpfungen aus Sinneseindrücken und Emotionen tragen wir tief in uns, ohne uns ihrer bewusst zu sein. Das betrifft nicht den wundersamen Zauber, den ein offenes Feuer auf uns ausübt. Warum etwa gilt überall in der Welt das ästhetische Ideal einer Wohnlage auf Anhöhen? Weil so in all den Jahren in der Savanne die sichersten

Wohn- bzw. Schlafplätze für die Hominiden aussahen, denn sie boten Fluchtraum und Übersicht. Warum fühlt es sich so gut an, im Garten einen Brunnen, einen Pool oder auch nur einen Trog zu haben? Weil Trinkwasser in Schlafplatz- nähe ein fabelhafter Luxus war. Warum üben sich Kinder in aller Welt im Nachahmen von Tierlauten? Weil man das früher für die Jagd benötigte. Warum drückt ein Zungenkuss so viel Zärtlichkeit, Intimität und Verbundenheit aus? Weil früher die Kleinkinder, wenn sie feste Nahrung noch nicht hinlänglich mit den eigenen Zähnchen zerkleinern konnten, vorgekautes Essen von der Mutter in den Mund geschoben

bekamen. Mit der Zunge erhielten sie so wertvolles Essen, umso kostbarer, als es bereits zerkaut, eingespeichelt und zum Verdauen vorbereitet war. Der dabei entstehende Kontakt von Zunge zu Zunge signalisiert uns noch heute, der andere sei bereit, für uns zu sorgen, da er uns wie eine Mutter sogar seine vorgekaute Nahrung überlassen würde. Klingt unappetitlich, erklärt aber, warum das Zungenspiel so viel in uns auslöst. Es scheint unvorstellbar lange her, dass in Europa Mütter ihre Kinder so ernährten, aber in der Entwicklungsgeschichte sind allein die zehntausend Jahre seit der letzten Eiszeit kaum mehr als ein Wimpernschlag.

Wir, die Menschen, sind sowieso eine blutjunge Spezies. Es gibt uns erst seit 160 000 Jahren. Anders geschrieben sind das 0,16 Millionen Jahre. Krokodile besiedeln diesen Planeten seit etwa 80 Millionen Jahren, Ameisen seit 13 Millionen Jahren. Und seit es uns gibt, wurden Gang und Haltung immer aufrechter, die Behaarung weniger, wuchs das Schädelvolumen. So etwas dauert seine Zeit, und wenn wir verstehen wollen, warum der moderne Alltag so sehr an unseren Bedürfnissen und denen unserer Kinder vorbei-

geht, müssen wir uns angewöhnen, diese Bedürfnisse vor dem evolutionären Hintergrund zu betrachten.
Seit wenigen Tausend Jahren, sprich seit verschwindend kurzer Zeit, wohnen wir in Gebäuden. Linke und rechte Schuhe gibt es erst seit dem Mittelalter. Die Formulierung der Menschenrechte, ohne die wir uns weder unsere westlichen Demokratien noch unsere europäisch-eurozentrische Weltsicht an sich vorzustellen vermögen, liegt lächerliche acht Generationen zurück.

Arbeitete nach dem Zweiten Weltkrieg noch jeder vierte erwerbstätige Deutsche in der Landwirtschaft, sind es heute nur marginale 2 (!) Prozent. Im Jahr 2000 besaßen 46 Prozent aller Deutschen ein Handy, seit 2006 gibt es in Deutschland mehr Handys als Einwohner. Eine ähnlich rasante Entwicklung ist bei den Navigationsgeräten zu beobachten. Mit der Folge, dass nur eine winzige Minderheit unserer Kinder noch imstande sein wird, sich mit einer Landkarte zurechtzufinden. Man stelle sich Handys und Navigationsgeräte nach dem Zweiten Weltkrieg vor: sie wären nicht nur den Menschen auf dem Land wie Hexerei vorgekommen.

Nie zuvor hat sich das Leben in wenigen Jahrzehnten so radikal verändert. Allein die Entwicklung der letzten 20 Jahre war vielleicht noch einmal ein genauso tiefgreifender Umbruch wie die 200 Jahre zuvor, denn wir haben uns oberflächlich daran gewöhnt, dass das Hier und Jetzt nicht mehr hier und jetzt ist, sondern überall und nirgends – überall kann ich über Handy mit Leuten sprechen, die gar nicht da sind oder die gestern eine Nachricht hinterlassen haben. Das normale Umfeld von einigen Hundert Metern Umkreis als der Ort, an dem wir leben, scheint manchmal wie ausgelöscht.

Die Geschwindigkeit, in welcher der Mensch seinen Alltag verändert, überfordert sein Anpassungsvermögen bei Weitem. Ein eingeschaltetes Handy bedeutet, dass wir geistig permanent mit einem Bein woanders sind. Das hält uns in einer permanenten Grundspannung, die nicht guttut. Dass wir das alle seit Jahren so machen und wir unruhig werden, wenn das Ding nicht dabei ist, bedeutet noch lange nicht, dass wir uns wirklich daran gewöhnt hätten. So etwas

dauert viel, viel länger. Wir können ja auch gut ohne Fleisch leben – aber selbst wenn wir das alle täten, und zwar über Generationen hinweg: unser Gebiss bliebe auch in vielen Tausend Jahren noch eines, mit dem wir Fleisch zerkleinern könnten, unser Verdauungsapparat ein solcher, der Fleisch vernünftig zu verwerten imstande ist.

Wir sind nun einmal Allesfresser, und evolutionäre Zeiträume sind lang. Blindschleichen kriechen seit Jahrtausenden mit ihren nutzlosen Beinstummeln herum, und bis sie irgendwann ohne Beinstummel auf die Welt kommen, wird mehr Zeit vergehen, als vergangen ist, seit wir ein Dach über dem Kopf haben. Das Erbe der Vorzeit kommt nicht

nur zum Tragen, wenn es um die netten Dinge geht, die wir miteinander tun, wenn es dunkel ist oder wenn es um die weniger netten Dinge geht, als wenn wir uns um einen Parkplatz streiten, sondern es zeigt sich auch bei den täglichen sinnlichen, sensomotorischen, sozialen Bedürfnissen.

Das betrifft auch die Bedürfnisse unserer Kinder, um die es in diesem Buch geht. Und eines der zentralen Bedürfnisse von Kindern ist das Spiel.

Die biologisch-evolutionäre Bedeutung von Spiel ist: lernen. Tierkinder müssen das Jagen ebenso lernen wie viele zahlreiche andere Verhaltensformen und Fähigkeiten. Katzen, die das Mausen nicht schon als Kätzchen von ih-

rer Mama lernen, können es später nicht so gut. Kleinen Orkas bringt die Mama bei, mit wie viel Schwung sie an den Strand schwimmen müssen, um – mit dem gesamten Körper an Land – eine Robbe zu schnappen und mit ihr wieder in den Fluten zu verschwinden. Würden sie das Land mit zu viel Schwung ansteuern, blieben sie auf dem Trockenen liegen und würden verenden. Aber das passiert ihnen nicht: gelernt ist eben gelernt. Je höher entwickelt die Spezies, desto größer der Lernbedarf und desto länger dauert ihre Kindheit.

Und über fast den gesamten Zeitraum unserer Existenz fanden Kindheit – die menschliche ist bekanntlich die

längste – und Lernen draußen statt: weil es ein „drinnen" nicht gab. Draußen formten sich (kleine Auswahl) Muskulatur, Motorik, räumliche Orientierung, Kreativität und Spiritualität, Techniken der Jagd wie das Zielen, Werfen, Schleichen, Laute-Imitieren eingeschlossen. Und da sich der Homo sapiens als soziales Individuum durchsetzte, sein Überleben durch Zusammenarbeit und Gemeinschaftssinn sicherte, so nahm und nimmt das soziale Lernen in der Kindheit eine zentrale Rolle ein.

All dies Lernen und die für den gesamten Rest den Lebens so entscheidende frühe Kindheit waren voller Sinneseindrücke wie: Wind, Sonne, Regen, lila Flecken an den Händen von den Blaubeeren, das Summen der Insekten in einer Sommerwiese, die rasche Abkühlung bei sternklarer Nacht und morgens der Tau auf den Gräsern, der in der Sonne glitzert. Oder wie viel tiefer die Kälte in einen eindringt, wenn man schwach vor Hunger ist.

Die Bedeutung des kindlichen Spielens und Lernens ist hierbei ausgiebigst erforscht, erforscht vor allem die Bedeutung der ersten sozialen Bindungen – dass auch die dingliche Umgebung von großer Bedeutung ist, wurde erst später untersucht.

Besonders aufregend ist hier die These, dass Kinder eine belebte Umgebung benötigen, der sie Bedeutung, Identität, Eigenschaften zuweisen können (die gefährliche Wespe, der starke Baum, die zärtliche Katzenmama), um die eigene Identität im Gegenüber zu jenen Geschöpfen herauszubilden, deren Rollen sie zuvor durch die eigene Fantasie erst definiert haben. Es zeigt, wie viel Frühzeit wir alle noch in uns tragen, denn dieses „Beseelen" der lebendigen Umgebung durch Zuweisen von Eigenschaften finden wir auch bei animistischen Naturreligionen.

Und nicht erst der moderne Mensch entwickelt sein frühestes Gefühl von Schönheit unter natürlichen Eindrücken – man denke nur an jene begeisternden Höhlenmalereien. Und es gibt die These, dass die Fähigkeit zu moralischem Urteil, ja zu Mitgefühl überhaupt abhängt von der Ausbildung eines Empfindens für Schönheit in der frühen Kindheit.

Spricht das nun gegen Zentralheizung und fließend Wasser, gegen Schulpflicht oder musikalische Frühförderung? Gibt dieses Wissen ein ehrliches Argument gegen den Konsum elektronischer Medien her? Nein, und zudem hat die Steinzeit nicht wirklich Spaß gemacht. In manchen Naturvölkern gaben die Eltern ihren Babys erst mit etwa einem Jahr einen Namen; vorher starben so viele Neugeborene, dass sie fanden, vorher lohne es doch gar nicht. Die Steinzeit, die Frühzeit ist nichts, was wir ehrlich vermissen.

Und wenn wir an die Welt von heute denken, sollten wir uns einen Moment Atempause vom schlechten Gewissen wegen all der Umweltzerstörung gönnen. Einen Moment nur. Seien wir, und wenn es nur für einen Moment ist, stolz auf ein paar Sachen, die wir Menschen hervorgebracht haben: Penicillin, iPods, die Idee der Menschenrechte, die „Kurzpasssymphonien" des FC Barcelona. Spanischer Serrano-Schinken, italienische Antipasti, Schwarzwälder Kirschtorte, schottischer Whisky. Unsterbliche wie Wolfgang Amadeus Mozart, Giuseppe Verdi, Charlie Chaplin, Pablo Picasso. Harald Juhnke, Janis Joplin und Maria Callas waren „welche von uns". Und die Eisenbahn ist viel häufiger pünktlich, als wir glauben.

Seien wir ein wenig zufrieden mit den positiven Aspekten von Technik und Zivilisation. Wir haben viel mehr hervorgebracht als die Krokodile oder die Ameisen. Bedenken wir allein, wie wenig Zeit wir dafür hatten.

Doch je deutlicher wir uns veranschaulichen, wie aberwitzig schnell und tief greifend sich unsere Lebensbedingungen gewandelt haben, desto klarer wird, warum und wie sehr wir das für unsere Spezies „normale Leben" vermissen. Und dass dies viel mehr mit dem Umweltgedanken zu tun haben dürfte als etwa die Messdaten der Klimaforscher, ganz gleich wie beunruhigend jene in der Tat sein mögen.

Und dieser gesamte Exkurs dient nur der – bitte! – durch und durch wertfrei zu denkenden Veranschaulichung, dass man sich vor allem in jener Umgebung sicher und zutiefst bei sich selbst fühlt, mit der man eben vertraut ist, auch wenn wir an der Oberfläche unseres Bewusstseins das meiste vom Leben und Spielen draußen vergessen haben. Und es bleibt ein sehr, sehr einfacher Gedanke, dass wir unter Berücksichtigung einfachster biologisch-genetischer Fakten im Grunde noch immer draußen zu Hause sind. Vor allem aber unsere Kinder: weil sie die technisierte Überprägung noch vor sich haben.

Je vertrauter wir unsere Kinder mit dem Draußensein machen, je mehr wir sie erfahren lassen, dass wir „draußen zu Hause" sind, desto artgerechter, desto besser wächst der kleine Homo sapiens heran.

Aber: Wir dürfen diese Naturaufenthalte nicht missverstehen als Erziehung. Kinder benötigen sie als Entwicklungszeit.

Nur weil unsere heutige Welt für viele so eingerichtet scheint, dass es manchen Eltern Umstände macht, Kinder wirklich hinauszubringen, heißt das keinesfalls, dass wir die Erlebnisse draußen als ein Extra, als einen Bonus verstehen dürfen. Draußen zu sein ist für Kinder ein elementares Grundbedürfnis, und wenn sie das nicht bekommen, fehlt ihnen etwas Elementares.

Sie benötigen das Draußensein genauso wie Bewegung, Körperkontakt, elterliche Liebe und all das, was ihnen zu geben wir uns täglich bemühen. Draußensein braucht keinen pädagogischen oder schon überhaupt gar keinen umweltpädagogischen Vorwand. Ob unsere Kinder als Erwachsene diesen Planeten schützen wollen, das werden sie selbst entscheiden. Und je mehr wir ihnen mit erhobenem Zeigefinger vor der Nase herumfuchteln, desto mehr werden sie uns etwas husten. Dass wir mehr Achtsamkeit für den bedrohten Planeten erreichen, wenn wir sie ihn im Naturzustand erleben lassen, liegt gleichzeitig auf der Hand und ist selbstverständlich äußerst wünschenswert. Aber die Priorität, die wir als Eltern setzen, soll und muss meines Erachtens auf dem Wohl unserer Kinder liegen: Dafür sind wir Eltern.

Wollen wir erreichen, dass sich unsere Kinder in einer immer mehr technisierten Welt zurechtfinden, müssen wir dafür sorgen, dass sie sich erst einmal dort zu Hause fühlen, wo sie die allermeiste Zeit ihr Habitat hatten: unter freiem Himmel.

Also raus mit ihnen!

Malte Roeper

Innere Wildheit braucht äußere Wildnis

Die Wirkung der Naturerfahrung

von Dr. Martin Schwiersch

Ein Kind, das in Deutschland aufwächst, wird – vor allem, wenn es ein Junge ist – irgendwann feststellen, dass es beinahe unmöglich ist, in diesem Land gegen Fußball zu sein. Ähnlich geht es pädagogisch denkenden und fühlenden Menschen angesichts der Forderung, Kinder hinaus in die Natur zu lassen. Wer könnte da dagegen sein?

Die Argumente, warum Natur Kindern und jungen Menschen guttut, sind hinlänglich bekannt; einige seien kurz angetippt: Die besondere Reizqualität von Naturdingen ermöglicht ein Begreifen mit Kopf, Herz und Hand; durch die Konfrontation mit naturbedingten Dilemmata (Darf man einen Baum fällen, weil er bei uns zu Hause ein Weihnachtsbaum werden soll?) entwickeln sich emotional-ethische Kompetenz und eine ökologisch sensible Haltung; Natur als Ort der Bewährung (Gefahrenbewältigung durch eigenes Handeln) fördert Identität und Selbstwertgefühl; schließlich bringt Natur naturkundliches Wissen und damit Allgemeinbildung mit sich.

So ist man versucht zu sagen: Schön und gut, ohne Welt keine Bildung, Natur ist Teil der Welt, wie Menschen und menschengemachte Dinge es sind. Also bleibt Bildung ohne Natur unvollständig. So weit scheint Konsens ohne Widerspruch gegeben.

Natur: Ja bitte! Aber welche und wie?

Welche Natur soll es sein? Und wie sollen Kinder und junge Menschen in die Natur gehen? Was sollen sie dort tun und was lassen?

Eltern machen regelmäßig die Erfahrung, dass ihr Naturinteresse mit dem ihrer Kinder wenig bis nichts zu tun hat. Das „Naturschöne" finden die Kinder in einer Pfütze, die schöne Aussicht hingegen ist ihnen schnuppe. Die frische Waldluft können sie nicht riechen, der Pommesgeruch der Würstelbude am Zielort hingegen zieht sie magisch an.

Auch der Gestaltungsdrang der Kinder kann den Eltern den Atem verschlagen, wenn sie ihre Kinder denn wirklich einmal lassen. So fanden wir ein Wiesenstück in der Nähe unserer Wohnung einmal auf etwa zehn Quadratmeter säuberlich mit dem Spaten abgestochen vor und die Grasnarbe war abgetragen: Die „Dirt Jump Crew" – ein paar Jungen zwischen 10 und 13 Jahren – musste zur geliebten Erde vordringen, um „Kicker" und „Gaps" für ihre Fahrradsprünge aufschütten und abtragen zu können. Ja, dürfen die das? Und ich selbst habe zusammen mit den anderen Jungen in

meiner Adoleszenz einmal eine riesige Fichte zum Absterben gebracht; jedenfalls hat das der Bauer behauptet, auf dessen Grund sie stand: Unser in alle Richtungen überbordendes Baumhaus, das natürlich nie fertig wurde, habe mit seinen zahllosen Nägeln den Nährstofftransport so beeinträchtigt, dass die Krone bereits abzusterben begonnen habe – der Baum müsse gefällt werden, was dann auch postwendend geschah. Und wir waren schuld, so unser kleinlauter Schluss. Schlaflose Nächte hat mir das damals bereitet – wegen des armen Baums und auch der Drohung des Bauern, dass eine Kuh sterben könnte, wenn sie – unter dem Baum grasend – einen herabgefallenen Nagel verschlucken würde. Selbst ein stundenlanges Absuchen des fraglichen Areals mit dem größten Magneten, den mein Vater aufbieten konnte, hat mich nicht wirklich beruhigt. Aber vielleicht hat dies ja meine emotional-ethische Kompetenz gestärkt. Doch selbst wenn: War es das Sterben einer mächtigen Fichte wert?

Keine Naturerfahrung ohne Naturverbrauch

Das Dilemma beginnt, wenn wir uns vor Augen führen, dass Naturerfahrung nicht ohne Naturverbrauch zu bekommen ist. Dies klingt zunächst wie eine etwas überspannte Behauptung. Betreiber von Waldkindergärten, Naturerlebniszentren und ähnlichen Einrichtungen würden wahrscheinlich zu Recht entgegnen: „Natürlich hinterlassen die Kinder Spuren, schließlich müssen sie auch mal was ausprobieren dürfen." Aber das bleibt doch völlig im Rahmen und ist durch den Gewinn für die Kinder mehr als wettgemacht. Ich gebe allerdings zu bedenken, dass die Natur, die Kinder pädagogisch angeleitet erleben, selbst wieder eine eng begrenzte Natur ist, in der enge Verhaltensregeln gelten. Um dies herzuleiten, sei eine kurze Reise in die Vergangenheit der pädagogischen Verortung von Natur unternommen.

Von der Entdeckung des natürlichen Kinds zum ökologisch verantwortlichen Mitbürger

Der Anfang der Forderung, Kinder „natürlich" zu erziehen, wird in der Regel dem Philosophen, Schriftsteller und Pädagogen Jean-Jacques Rousseau (1712–1778) zugeschrieben. Sie beinhaltet eine neue pädagogische Perspektive: Ein Mensch sei ein Wesen, das einen natürlichen Entwicklungsverlauf nähme, würde man es nur lassen. „Erwachsen sein" bedeute, dass ein Mensch mit dieser Natur breche und kulturell sowie sozioökonomisch domestiziert werde, was sich in seinem „Funktionieren" zeige. Diese Denkfigur findet sich in der Folge bei den verschiedensten Pädagogiklehren wieder (Waldorf, Montessori bis hin zur emanzipatorischen Pädagogik). Für das hier abgehandelte Thema ist von Bedeutung, dass eine solche Perspektive auf das Kind eine bestimmte Perspektive auf die Natur voraussetzt: Natur als das Natürliche schlechthin muss als etwas im Kern Gutes angesehen werden, das nicht zu stören eine vornehme Aufgabe ist.

Eine solche Perspektive konnte in unserer Kultur erst mit der Industrialisierung entstehen, die den Menschen scheinbar hinreichend unabhängig von der Natur machte, und der nachfolgenden Reaktion der Romantik auf den damit gegebenen Verlust. Von hier ist es dann nur noch ein kleiner Schritt, die Natürlichkeit des Kindes in der Natürlichkeit der Natur quasi zu sich selbst kommen zu lassen: Geboren war die Naturpädagogik. Hatte diese in den Anfängen des vergangenen Jahrhunderts noch kompensatorischen Anspruch (die Schädigungen des Menschen und des Kindes durch das urbane Leben zu begrenzen), so wandelte sie sich über

eine kurze politische Phase (gespiegelt beispielsweise in der eher sozialistisch orientierten Wandervogelbewegung zu Anfang des vergangenen Jahrhunderts) zunehmend in eine ökologisch orientierte Naturpädagogik: Kinder sollten sensibilisiert werden für ökologische Fragen, um durch einen frühen „guten" Naturbezug später ökologisch bewusst leben zu können und zu wollen; hierzu wurden ausgefeilte Methoden entwickelt. Wissenschaftliche Untersuchungen weisen auch darauf hin, dass diese Rechnung zumindest auf der Ebene ökologischer Einstellungen aufgeht: Kinder mit Naturerfahrung sind ökologisch sensibilisiert.

Natürlich sahen Pädagoginnen, dass Natur dem freien Spiel- und Gestaltungstrieb der Kinder entgegenkommt und dieser auch sein eigenes Recht hat, was sich etwa in der Nicht-Gestaltung von Abenteuerspielplätzen, im Raumordnungskonzept des Naturerlebnisraums sowie in Elementen der Waldkindergärten widerspiegelt; ich meine wirklich Pädagoginnen, denn Pädagogen spielen in der

institutionellen Erziehung von Jungen und Mädchen vom Kleinkindalter bis hin zum Ende der Grundschulzeit statistisch keine Rolle. Die Pädagogik jedenfalls hatte immer auch einen weitergehenden Anspruch und zielte im Kern auf die Kulturalisierung des Kindes zu einem ökologisch verantwortungsbewussten Mitbürger. Diese Entwicklung kann als eine Art Umstülpung zusammengefasst werden: Diente Natur zunächst dem Schutz der Kinder, so dienen Kinder heute dem Schutz der Natur.

Der Aufstieg der Erlebnispädagogik

Dass Naturaufenthalte nicht nur dem Zweck der Erholung oder der ökologischen Sensibilisierung, sondern auch der psychosozialen Entwicklung von Kindern und Jugendlichen dienen können, erkannten Vertreter der Erlebnispädagogik als Erste. Kurt Hahn formulierte in der Mitte des vergangenen Jahrhunderts eine zentrale Chance von Naturaufenthalten für Kinder und junge Menschen – wie wohl altbekannt und bei naturnah lebenden Menschen seit Zehntausenden von Jahren praktiziert: Natur als ein Ort für Erfahrung, Einsicht und Bewährung. Die Erlebnispädagogik musste sich zunächst einmal vom Beigeschmack paramilitärischen Drills und der Unterstellung befreien, sich nahtlos und unreflektiert in repressive gesellschaftliche Mechanismen einzufügen. Wir befinden uns nun in den Siebzigerjahren des 20. Jahrhunderts. Damals konkurrierte sie mit der

„moralisch besseren" ökologisch orientierten Natur-pädagogik, bis beide Bewegungen schließlich eine Liaison eingingen – immerhin hatten sie ja beide in der Natur die-selbe große Lehrmeisterin.

Aufenthalte in der Natur, und zwar an nicht alltäglichen Orten oder zu ungewohnten Zeiten, die mit geringem Ma-terial (Essen, Übernachtung, Ausrüstung) überstanden werden müssen und die mit körperlichen und psychi-schen Herausforderungen (Märschen, Auf- und Abstiegen, Kletterein, Kajakfahrten etc.) verbunden sind – so die Kern-these –, würden helfen, dass junge Menschen Selbstwert-gefühl und Selbstwirksamkeit entwickelten. Ganz abgese-hen davon, dass sie die Wucht von Natur in einem Biwak, an einem Wasserfall, an einer Felswand erfahren könnten. Auch hier entwickelte sich zügig eine variantenreiche päda-gogische Methodik.

Stimmt's? Hängen Naturerfahrungen und Selbstwirksamkeit zusammen?

„Selbstwirksamkeit" (Bandura, 1977) meint eine durch Lernerfahrungen gewonnene stabile Überzeugung, die ein Mensch über sich selbst hat. Sie lautet in einem Satz: „Ich bin in der Lage, für mich wichtige Ziele (Umstände, Situationen) auch unter Widrigkeiten zu erreichen (herzustellen)." Selbstwirksamkeit gilt als förderlich für die psychische Gesundheit, da selbstwirksame Menschen ihr Leben in die Hand nehmen und auch schwierige Situationen zu bewältigen versuchen werden. Selbstwirksamkeit kann nicht erworben werden, wenn Menschen chronisch erfahren, dass Handlungen und Ergebnisse nicht zusammenhängen und/oder wenn sie sich als inkompetent im Handeln erleben. Der Erwerb von Selbstwirksamkeit ist damit auch ein pädagogisches Metaziel.

Können Erfahrungen in der Natur die Selbstwirksamkeit junger Menschen stärken? Um dieser Frage nachzugehen, führte ich eine Fragebogenstudie durch, um Zusammenhänge (Korrelationen) zwischen Naturerfahrung und Selbstwirksamkeit zu untersuchen. Anhand dieser Studie „Naturerfahrung und psychische Gesundheit bei jungen Menschen" analysierte ich mittels retrospektiver Selbsteinschätzungen junger Menschen die Zusammenhänge zwischen Naturaufenthalten bzw. Naturerfahrungen und psychischer Gesundheit. Die Fragen bezogen sich auf die Häufigkeit, die

Intensität und die Ernsthaftigkeit von Naturaufenthalten und auf die Einschätzung, wie gut man sich Problemen und Herausforderungen im Allgemeinen gewachsen fühlt. Erhebungsorte waren die Jugendbildungsstätte Hindelang des Deutschen Alpenvereins, das Naturerlebniszentrum Burg Schwaneck und die Jugend des Deutschen Alpenvereins Bayern in München. Es wurden Jugendgruppen, Schulklassen und Jugendleiterschulungen befragt. 268 Personen im Alter zwischen und 11 und 30 Jahren nahmen an der Untersuchung teil.

Ergebnisse und Schlussfolgerungen

Es zeigen sich zwei Effekte:

a) Naturerfahrungen hängen deutlicher mit Selbstwirksamkeit zusammen als bloße Naturaufenthalte.

b) Vor allem in der Altersgruppe der 13- bis 15-Jährigen zeigt sich ein starker Zusammenhang zwischen Naturerfahrung und Selbstwirksamkeit. Weniger deutlich ist der Zusammenhang bei jüngeren Kindern, bei älteren Jugendlichen und jungen Erwachsenen.

Korrelationsstudien wie diese zeigen nicht, was Ursache und was Wirkung ist: Wir wissen also nicht, ob intensive Naturerfahrungen Selbstwirksamkeit fördern oder ob umgekehrt selbstwirksame Kinder intensivere Naturerfahrungen suchen. Schließlich kann auch ein gemeinsamer dritter Faktor einen scheinbaren Zusammenhang erzeugen: So könnten intensive Naturerfahrungen eher von Kindern aus Mittelschichtsfamilien gesucht werden, die von sich aus schon in größerem Maße selbstwirksam sind. Hier stößt die Studie an ihre Grenzen. Doch die gefundenen Zusammenhänge hätten auch ausbleiben können. Insbesondere die Altersabhängigkeit der Ergebnisse scheint ein Beleg ihrer Gültigkeit, sodass dies als Ausgangspunkt der Schlussfolgerungen genommen wird.

Naturaufenthalt ist gut, Naturerfahrungen sind besser.

Selbstwirksamkeit wird durch Handeln gewonnen. Daher liegt nahe, dass ein bloßer Naturaufenthalt (oder – gehen wir einen Schritt weiter – die Betrachtung eines Naturfilms) wenig direkten Einfluss auf die Selbstwirksamkeit haben kann. Dies zeigen auch die Ergebnisse. Wenn man also will, dass Natur Selbstwirksamkeit fördert, dann ist es wichtig, für intensive Naturerfahrungen zu sorgen, die dann immer auch Eigentätigkeit beinhalten.

Natur und Selbstwirksamkeit: ein enges Zeitfenster. Der höchste Zusammenhang zeigt sich wie gesagt in der Alters-

gruppe zwischen 13 und 15 Jahren. Möglicherweise sind Naturaufenthalte jüngerer Kinder stark eingebettet in die Fürsorge von Eltern und Betreuungspersonen und stiften damit – noch – nicht Selbstwirksamkeit. Selbstwirksam fühlt sich, wer die „Wirkung" „selbst" erzeugt hat: Die Altersgruppe der 13- bis 15-Jährigen geht ihren eigenen Zielen und Tätigkeiten in der Natur zunehmend weniger angeleitet von und gesichert durch Fürsorgepersonen nach. Mit weiter zunehmendem Alter hingegen nehmen die Lebensbereiche zu, in denen Selbstwirksamkeit erfahren werden kann (Aus-

bildung, Lehre, Freunde, eigene Reisen, eigenes Geld etc.). Es liegt daher nahe, dass Naturerfahrungen nun wieder weniger selbstwirksamkeitsstiftend wirken.

Bedeuten diese Ergebnisse, dass jüngere Kinder und ältere Jugendliche von Naturaufenthalten und Naturerfahrungen nicht profitieren? Für ältere Jugendliche lässt sich dies verneinen: denn Naturerfahrungen bleiben als Erfahrungsbestand, auch wenn die Naturaufenthalte seltener werden. Und Selbstwirksamkeit ist ja ein relativ stabiles Konzept. So muss eher angenommen werden, dass, wenn Natur einmal konstitutiv für Selbstwirksamkeit gewesen ist, die Selbstwirksamkeitsüberzeugung später in andere Lebensbezüge übertragen wird. Und jüngere Kinder? Wenn Natur hier noch nicht selbstwirksamkeitsfördernd ist, so stellen die dort gemachten Erfahrungen jedenfalls Kompetenzen (Bewegungs-, Materialerfahrungen, emotionale Erfahrungen und Einstellungsprägungen) bereit, die dem späteren Jugendlichen helfen, dann, wenn er „ohne Schutz" unterwegs ist, positive Selbstwirksamkeitserfahrungen in der Natur überhaupt erst gewinnen zu können.

Nun aber hinaus – doch wie ?

Natur ist nicht das Gute an sich. Erwachsene, denen Kinder anvertraut sind, können Kinder nicht einfach der Natur und in der Natur sich selbst überlassen. Ein Kind, das nicht schwimmen kann, kann in einem Bach ertrinken. Schwimmen lernt es nicht von der Natur, sondern von anderen Menschen. Sich in der Natur gut aufhalten zu können, die dortigen Widrigkeiten absehen und die Gefahren überstehen zu können, ist ein Lernfeld für sich, das kein einzelner Mensch allein bewältigen kann. Denken wir nur an das spezifische Weltwissen, das sich ein Kajakfahrer über Wasser, Flüsse, Strömungen und Schluchten im Laufe der Jahre aneignet, oder an das Wissen eines Bergsteigers über Wetter, Lawinenverhältnisse, Steinschlag, Weg- und Wandverhältnisse. Weder der Kajakfahrer noch der Bergsteiger lernen in ihrem Tätigkeitsfeld je aus – und wissen in der Regel wenig von den Erfahrungen des jeweils anderen. Wie weit sind sie wiederum von einem Naturfilmer entfernt, der Raubtiere bei der nächtlichen Jagd filmen will. Natur ist inkommensurabel für einen einzelnen Menschen. Wir mögen Spezialist in einem Teilbereich sein – aber „die Natur verstehen" – das geht nicht, dafür ist sie für uns zu groß, zu vielfältig, zu verästelt und zu sehr vernetzt.

Kinder und junge Menschen brauchen Lehrerinnen und Lehrer, um in der Natur in die Lehre zu gehen. Menschen, die selbst bei solchen in die Lehre gegangen sind und dabei in und von der Natur gelernt haben. Es wird deutlich, welche dramatischen Konsequenzen eine Sozialisation, die auf den Umgang mit Natur verzichtet, auf lange Sicht birgt. Dies allein ist eine vornehme und notwendige Aufgabe. Für die Entwicklung von Selbstwirksamkeit braucht es aber noch einen weiteren Schritt: Die Mentorin oder der Mentor des jungen Menschen muss sich zurückziehen und ihn oder sie in der Natur sich selbst überlassen. Ein schwieriges Unterfangen in einer Welt voller Gesetze und Verbote sowohl für den Umgang mit der Natur als auch mit Kindern und Jugendlichen.

Doch nur dann besteht die Chance zu einer zutiefst persönlichen und intimen Erfahrung: die Inkommensurabilität der Natur, die Gegenwart des Anderen, Großen, Mächtigen, Schönen. Zu erfahren, ohne Schutz und Hilfe in der Natur bestehen zu müssen und zu können. Verantwortlich zu sein. Angesichts ihrer Übermacht erkennen, dass man in ihr nur ein Staubkorn ist. Und dass es gleichzeitig auf jede eigene Handlung ankommt.

Ich neige zu der Annahme, dass der Mensch als einfaches Wesen beginnt, wenn er sich selbst als Einzelwesen in die Welt gestellt erlebt; dann verlässt er für eine Zeit das Haus der Menschen und kommt in Kontakt mit „Wildheit". Diese Erfahrung kann vermutlich überall gemacht werden, doch scheint mir die Natur – vor allem wilde Natur – hierfür der natürliche Ort zu sein. Wildnis hat ihre eigenen Regeln, Wildheit auch.

Dr. Martin Schwiersch ist Diplom-Psychologe, Erlebnispädagoge und staatlich geprüfter Berg- und Skiführer. In jungen Jahren machte er sich einen Namen als extremer Kletterer, heute ist er niedergelassener Psychotherapeuth in Marktoberdorf im Allgäu.

Draußen im Wallgau

von Magdalena Neuner

Ich habe einfach immer geschaut, dass ich schnell von der Schule heimkomme, den Rucksack ins Eck geschmissen und dann sind wir halt raus. Meine Eltern wohnen ziemlich einsam auf so einem Feld und da konnten wir rund um das Haus spielen, ohne dass sie sich Sorgen machen mussten. Hinter unserem Haus ist auch noch Wald, hier konnte man sich wirklich komplett ausleben.

Also ich muss wirklich sagen: Ich hatte eine perfekte Kindheit. So, wie es war, würde ich es wiederhaben wollen. Obwohl ich keinen Gameboy hatte oder so – meine Geschwister hatten alle einen. Ich hatte eigentlich im Grunde nichts, aber ich muss sagen, die Zeit will ich wirklich nicht missen. An der Finz, das ist ein Fluss bei uns, haben wir Lagerfeuer gemacht und gegrillt. Und dann gab es da noch ein paar kleine Höhlen, in denen haben wir uns immer versteckt.

Was mir im Nachhinein auffällt ist auch, dass nie was Größeres, Schlimmeres passiert ist. Wir sind zum Beispiel einmal rumgeklettert bei einem Freund hinter dem Haus, da geht es so ein bisschen felsig hoch, und da wäre ich einmal fast ein Stück abgestürzt. Wir haben ja auch Sachen gemacht, die ein bisschen gefährlich waren. Aber wir haben immer auch gegenseitig auf uns aufgepasst, das gehörte dazu. Und in dem Fall haben wir eben ein bisschen Klettern gespielt in den Felsen. Wir haben ein Seil dabeigehabt, aber halt nur ein Seil und keine Gurte. Da haben wir wirklich auf den anderen aufgepasst. Ich meine, wir waren zwar

Kinder, aber es war nicht zu übersehen, dass es gefährlich war, wir waren ja nicht blind, dann passt man eben auf. Und als ich dann doch fast runtergefallen war, haben mir dann auch meine Freunde wieder hochgeholfen. Uns hat dieses Miteinander ziemlich gefördert, dass man auch gerade in etwas gefährlicheren Situationen aufeinander achtgegeben hat.

Meistens war ich mit Jungs unterwegs. Wir waren ein Fünfertrupp, ich als Mädel mit den Jungs, und da ist es halt manchmal ein bisschen gröber zugegangen. Wir sind überall mit dem Rad hingefahren und immer total dreckig heimgekommen, und ich muss sagen, das war für mich wirklich immer das Allerschönste. Also da gab es keinen Unterschied zwischen Jungen oder Mädels, wir haben uns gut verstanden, das war einfach total schön.

Meine Eltern sind auch beide aus Wallgau, und meine Mama hat gesagt, sie hat ihre ganze Kindheit draußen verbracht. Die hat zum Beispiel heimlich Schwimmen gelernt, in irgendeinem See. Heimlich! Das muss man sich heute mal vorstellen! Meine Eltern waren jedenfalls nie irgendwie ängstlich, die haben uns früh zum Schwimmkurs geschickt, dann konnte ich mit vier Jahren schwimmen, da war das Thema Ertrinken schon einmal erledigt. Sie wussten: Selbst wenn wir miteinander an den See fahren, da kann nicht groß was passieren. Und mein großer Bruder, der ist drei Jahre älter, der war dann auch meistens mit dabei und hat auf mich aufgepasst. Unsere Mutter hat uns einfach vertraut, und am Ende war das, glaube ich, ziemlich gut fürs Selbstvertrauen. Wir haben auch die Jahreszeiten und das, was dazugehört,

unheimlich bewusst wahrgenommen. Wenn man viel draußen ist, dann kann man bestimmte Zeichen ganz gut deuten. Wenn es im Herbst, also im November, so kurz davor war zu schneien, da wusste ich immer genau, wie das riecht, wenn es anfängt oder wenn es jetzt dann schneit. Das ist mir in Erinnerung geblieben. Jetzt nimmt man das nicht mehr so bewusst wahr. Zum Beispiel wenn Ostern die Krokusse blühen oder im Herbst die ersten Blätter farbig werden. Das ist uns Kindern halt immer viel mehr aufgefallen. Und sobald der Kastanienbaum eine Kastanie verloren hat, dann waren wir schon da und haben gesammelt. Da waren wir als Kinder viel bewusster als jetzt.

Ich muss wirklich sagen, für mich war meine Kindheit optimal, also ich hätte es nicht anders haben wollen. Ich habe alle Freiheiten gehabt, die ich haben wollte, ich konnte raus, ich konnte spielen, ich konnte Rad fahren, ich konnte alles machen. Ein Leben in der Stadt kann ich mir überhaupt nicht vorstellen. Ich möchte eigentlich auch gerne in Wallgau bleiben und, dass später mal meine Kinder hier aufwachsen.

Aufgezeichnet von
Malte Roeper

Magdalena Neuner, aufgewachsen in Wallgau bei Garmisch-Partenkirchen, ist eine der erfolgreichsten Biathletinnen aller Zeiten.

Den ganzen Tag im Wald

Animieren nicht erforderlich

von Denise Windmüller

Der Tag beginnt an den Bauwagen, wo wir die Kinder in Empfang nehmen, und um viertel nach acht marschieren wir zu einem geschützten Platz, an dem der Morgenkreis stattfindet. Dort singen wir ein Lied und besprechen, was wir heute unternehmen und an welche Stationen wir gehen. In unserem Bollerwagen haben wir eine gewisse Grundausrüstung wie Spaten und Toilettenpapier, Erste-Hilfe-Kasten, Zeckenzange, Wechselwäsche sowie – je nach Jahreszeit – zusätzlich Sägen, Schnitzmesser, Bestimmungsbücher, die Hängematte oder auch mal die Slackline dabei. Im Winter gibt es warmen Tee für die Kinder.

Wir haben verschiedene Stationen, die wir nach Witterung, Spielanreizen oder Vorschlag der Kinder aufsuchen. Das sind einfach diejenigen Plätze, die sich besonders zum Spielen eignen und die natürlich Namen tragen wie ‚Eisenbahn‘, ‚Moosbaum‘, ‚Edelsteinhöhle‘ oder die ‚Ritterburg‘. Die ‚Ritterburg‘ wird von riesigen umgestürzten Bäume mit mächtigen Wurzeln gebildet, und der Ort hat ein bißchen etwas Mystisches. Die Kinder spielen hier immer besonders versunken, bauen den Zwergen kleine Häuser und dergleichen mehr. Im Sommer sind wir häufig an der „Ritterburg" oder „Edelsteinhöhle", weil es da so schön schattig ist. Bei Ostwind suchen wir Wärme auf der sonnigen „Bauernwiese" und im Winter, wenn Schnee liegt, gehen wir an den „Rutscherlberg". Wenn das Wetter einmal ganz schlimm ist, bleiben wir auch mal für ein, zwei Stunden in den Bauwagen, aber das ist nur ganz selten erforderlich. Die Kinder sind nicht aus Zucker, und das viele Draußensein härtet sie ab.

Damit unterwegs zu den Stationen jedes Kind sein eigenes Tempo gehen kann, warten wir an markanten Haltepunkten aufeinander oder verweilen dort zum Spielen. Die Kinder spielen mit praktisch allem, was der Wald ihnen bietet und entwickeln dabei natürlich viel mehr Fantasie und Kreativität, als wenn sie ‚fertige' Spielzeuge hätten. Der Stock wird beispielsweise zum Kochlöffel, Zauberstab, zur Motorsäge, Angel oder sogar Fernbedienung. Letztes Jahr kam ein Junge zu uns, der vorher einen Regelkindergarten besucht hatte. Der brauchte etwa eine Woche, bis er angekommen war. Da ging es nicht nur darum, dass er die anderen Kinder nicht kannte, sondern auch diese Spielsituation. Aber dann hat

er erkannt, daß man alles, was hier draußen so herumliegt, als Spielzeug definieren kann. Das war wirklich markant zu beobachten.

Es entstehen immer wieder ganze Spiellandschaften wie Zwergenhäuser, Baustellen, Straßen oder Tipis aus Ästen. Da diese Arrangements keine ernsthaften Eingriffe darstellen, müssen wir sie nicht aufräumen; so haben die Kinder die Möglichkeit, über einen längeren Zeitraum ihre Bauwerke weiter zu gestalten.

Die Kinder können sich den ganzen Vormittag frei bewegen, nutzen die vielfältigen Bewegungsmöglichkeiten und entwickeln sich motorisch sehr gut. Das Ausleben ihres Bewegungsdrangs trägt dazu bei, dass Aggressionen frühzeitig abgebaut werden. Ein auch für uns Erzieherinnen sehr angenehmer Aspekt ist in diesem Zusammenhang der im Vergleich zu Regelkindergärten sehr geringe Lärmpegel in unserer Gruppe.

Natürlich sind auch unsere Kinder hier manchmal laut oder ein wenig aggressiv, aber es legt sich im Normalfall alles sehr schnell. Die Kinder spielen sehr harmonisch miteinander, es gibt aber auch manche, die sich immer wieder zurückziehen, phasen- oder auch tageweise. Dann nehmen

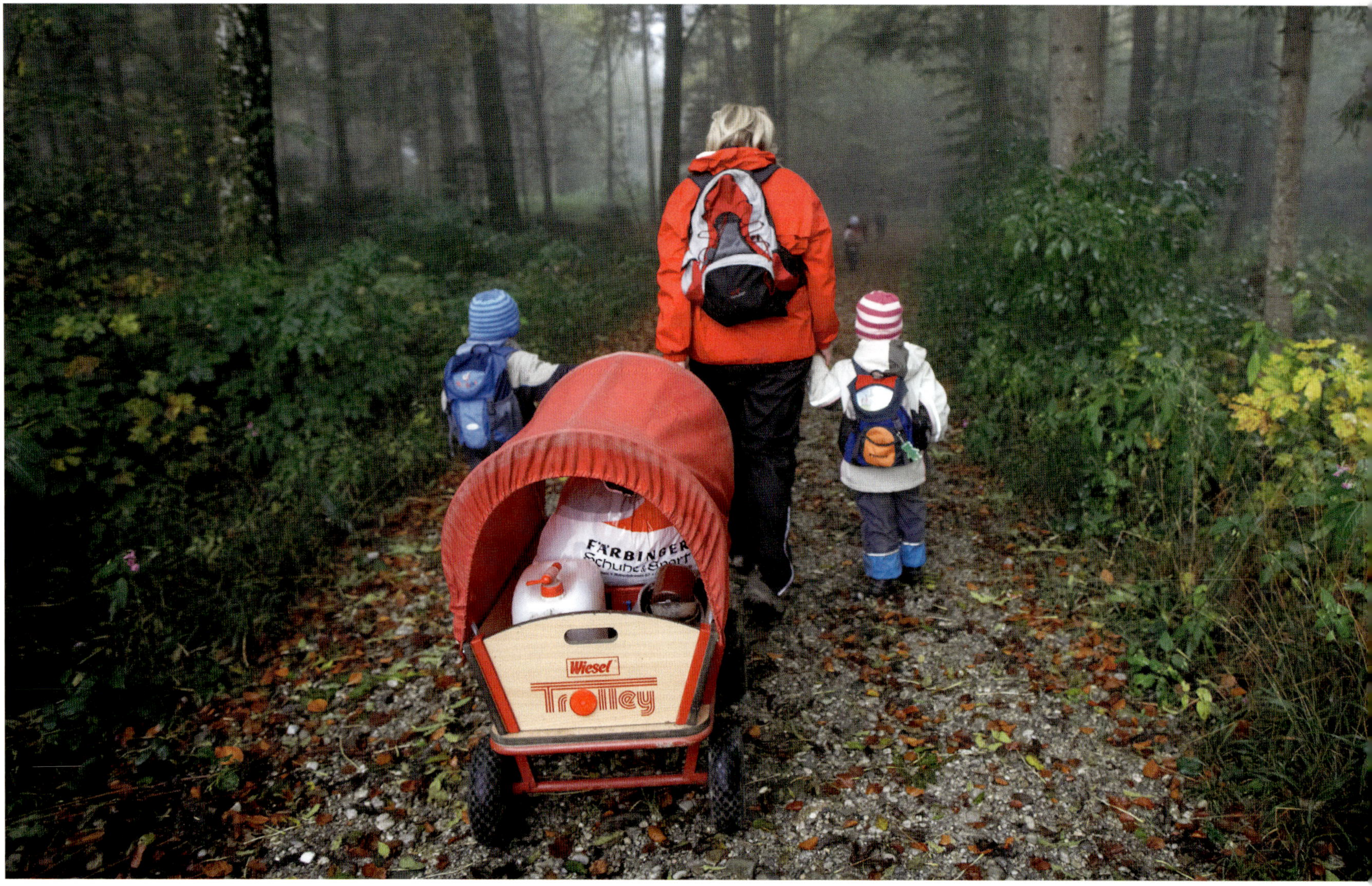
FÄRBINGER
Schuhe & Sport
Wiesel
Trolley

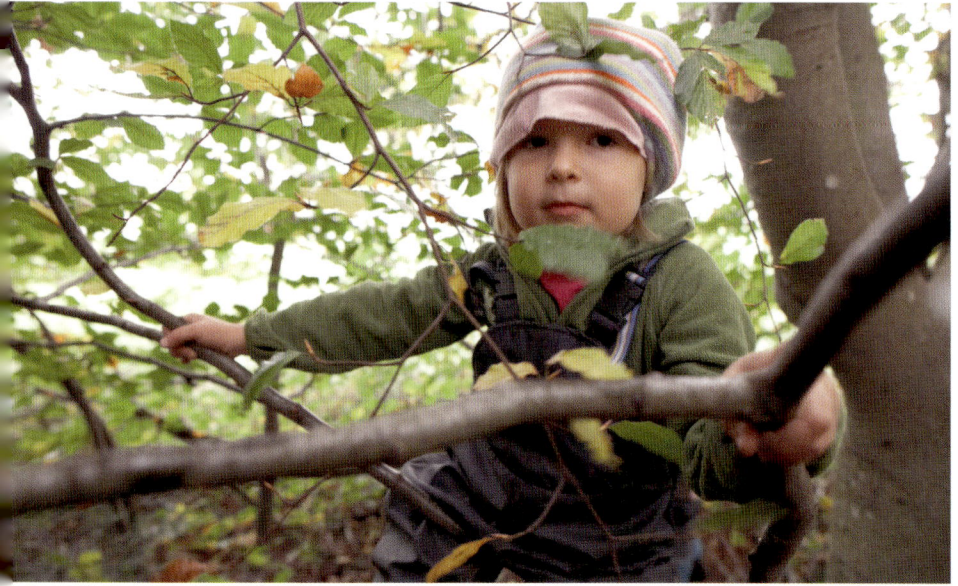

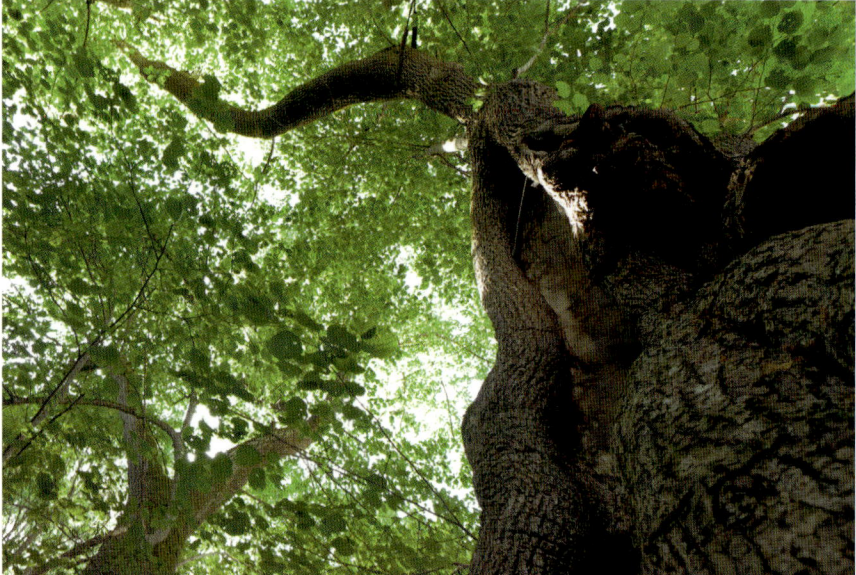

sie sich eine Säge, basteln vor sich hin und gehen dann wieder auf die anderen zu und spielen mit ihnen zusammen. Hier im Wald haben sie jederzeit den Raum dazu. Dass sie sich – allein schon aus Platzgründen – jederzeit so problemlos wie unauffällig zurückziehen können, erweist sich als außerordentlich wertvoll und trägt sicher dazu bei, dass sie auf der anderen Seite so gern zusammen anpacken, wenn es gilt einen schweren Ast eine Böschung hinaufzuziehen oder ähnliches.

Die jüngeren Kinder sind am Anfang ihrer Kindergartenzeit häufig für sich oder einfach damit beschäftigt, die anderen Kinder beim Spiel zu beobachten. Sie wirken dabei meist zufrieden und wir Erzieherinnen sind nur sehr selten gefragt.

Ein Animieren oder Bespaßen der Kinder hier draußen ist nicht erforderlich, sie sind im Spiel so sehr bei sich selbst, dass es immer wieder glücklich macht, sie zu beobachten. Gleichzeitig gelten bei uns – wie in jedem anderen Kindergarten – klare und logische Regeln. So gehen wir zum Beispiel wegen der Gefahr durch herabstürzende Äste nicht bei Sturm in den Wald. Aber es ist nicht schwer, diese Regeln umzusetzen, die Kinder befolgen sie meist instinktiv.

Vor der Brotzeit halten wir die Kinder zu Stille an und lauschen auf die Geräusche des Waldes. Danach folgt ein Brotzeitlied oder Gebet, dann wird gemeinsam gegessen. Anschließend können die Kinder noch mal spielen oder an einem gezielten Angebot teilnehmen. Hier haben wir die

Erfahrung gemacht, dass es fast nichts gibt, was man nicht auch draußen machen könnte: malen, basteln, experimentieren, singen ...

Nach dem Rückweg setzen wir mit dem Abschlusskreis einen deutlichen Schlusspunkt, reflektieren den Tag, überlegen, was morgen anliegt und verabschieden uns mit einem Lied. Oben am Bauwagen nehmen die Eltern ihre müden, schmutzigen, aber glücklichen Kinder in Empfang.

Aufgezeichnet von Malte Roeper

Sibylle Widmayr arbeitet im Waldkindergarten Traunstein seit dessen Gründung im Jahr 2001 und leitet ihn seit 2005. Die ausgebildete Kindergärtnerin hat eine Zusatzqualifikation als »Waldpädagogin«.
Denise Windmüller wuchs in Sachsen-Anhalt auf und arbeitete während der Entstehung dieses Buches als Krankheitsvertretung von Frau Widmayr.

Die Hütte meiner Eltern

Zwei Hektar Wildnis in Tirol

Zwei Erinnerungen, die eine: Ich sitze, etwa fünf Jahre alt, im hohen Gras dieser steilen Wiese unterhalb der Hütte. Hochsommer, es ist heiß, die Wiese blüht, vibriert vor Pracht und Herrlichkeit. Das Hemd klebt mir am Körper, mir ist schwummerig vor Hitze, aber ich muss, ich will hier jetzt unbedingt bleiben, denn noch nie habe ich etwas so Schönes gesehen: vor mir im hohen Gras ein Käfer, dessen Flügel glänzen wie ein Regenbogen. Es ist so schrecklich heiß, aber ich kann nicht weg. Weil es zu schön ist: jetzt, hier.

Die andere Erinnerung: Heuernte, Mittagspause. In einem Stadel mit der Familie vom Schneiderhof meine Mutter und ich. Das selbst gebackene Brot schmeckt nach Kümmel, der wächst an den Wegen, der Schinken riecht nach Rauch, die Luft nach Heu. Und alles, alles gehört zusammen: Himmel, Sonne, Hitze, Schatten, Essen, Arbeit, Kinder und Große, Wiese und Heu, Morgen und Abend.

Eine Neckermann-Reise hatte unsere Eltern nach Navis-Grün verschlagen, den hintersten und höchstgelegenen Teil des Navistals in Tirol. Sieben Höfe und dann hörte die unbefestigte Straße auf. Sie kamen immer wieder, kauften zwei Hektar Land und bauten 1961 eine Hütte. Zu Hause in Lübeck war mein Vater noch Referendar; bis sie sich ihren ersten VW Käfer leisten konnten, sollte es noch Jahre dauern. Sie hatten keinerlei besonderen Bezug zum Draußensein oder zu diesem sehr einfachen Leben, das wir von nun an alljährlich monatelang führten: ohne Strom

und Warmwasser eine Viertelstunde zu Fuß oberhalb des Joslerhofs. Fast das gesamte Grundstück ist ein steil zu einem Bach abfallender Hang, die untere Hälfte so steil, dass Teile unserer Krume regelmäßig in Muren abgehen. Nur ganz oben ist ein schmaler flacher Streifen, dort steht die Hütte. Wäre das Ganze gescheitert, würden wir heute sagen: Sie waren halt wahnsinnig. Aber sie hatten diese Vision, und sie ging in Erfüllung. Der Bau der Hütte ist der große Geniestreich in der Geschichte unserer Familie.

Ich lernte dort oben laufen, und weil ich später extreme Bergtouren unternahm, erzählte meine Mutter allen Leuten, ich hätte ja deswegen so unglaublich starke Beine, weil ich den aufrechten Gang in geneigtem Gelände begonnen hätte. In Wahrheit waren die meisten meiner Seilpartner ausdauernder als ich, aber welche Mutter, die stolz auf ihr Kind ist, will schon die Wahrheit hören?

Beeinflusst haben diese frühen Jahre mich natürlich trotzdem. Bis ich aufs Gymnasium kam und meine Mutter meine Sommerferien nicht mehr so einfach von sechs auf zwölf Wochen verdoppeln konnte (mehrmals!), hatte ich ein Drittel, wenn nicht die Hälfte meines Lebens hier oben verbracht. Und allein die Dehnbarkeit dieses Begriffs von, nun ja, Schulpflicht wäre ein guter Grund zu sagen: Früher war das Kindsein wirklich schöner.

Meine Schwester Wiebke war acht Jahre älter, und so spielte ich, solange ich klein war, allein. In Wirklichkeit war ich
natürlich nicht allein; jede Blume, jeder Baum, Käfer, Vogel,
Schmetterling war in meiner kleinen heimlichen Welt ein
Gegenüber. Der Stadel auf der anderen Seite war ein Gesicht und schaute uns immer an, die waagerechte Bergkette
gegenüber hatte das Profil einer schlafenden Frau – meine
Schwester hatte das entdeckt, und so heißt dieser Gipfel
in unserem Familiencode bis heute: die Schlafende Frau.
Vor jedem Regen rauschte ein bestimmter Wind durch die
Lärchen, deren Äste sich bewegten und wogten wie Halme
auf dem Feld und doch ganz anders. Ich spielte mit Käfern,
die in die Luft schnellten, wenn ich sie auf den Rücken
legte, mit Ameisen, die sich auf die Hinterbeine stellten und
dünne Fäden Säure in die Luft schossen, deren strenger Ge-
ruch an der Hand haften blieb. Ich drehte von der Sonne

aufgeheizte Steine um und verfütterte die darunterliegenden Ameiseneier an meine Eidechsen.

Im Frühling sammelte ich Schädelknochen von im Winter verendeten Rehen, legte sie auf die Bauten roter Waldameisen, die die Fleischreste abfraßen. Ich verfolgte den Lauf der Ameisenstraßen durchs dichte Gras und bis hinauf in die Lärchenbäume und habe meine Faszination für Ameisen bis zum heutigen Tag behalten. Ich beobachtete die Routen des Eichhörnchens, das an den Bäumen unter uns am Hang seinen immer gleichen Parcours entlangturnte, bemerkte fassungslos die Geschwindigkeit, in der die Meisen im Brut-

kasten ihren Jungen die Nahrung brachten: als müssten sie all die Raupen, Fliegen, Würmer nicht erbeuten, sondern als lägen sie abholbereit irgendwo in einem Regal. Pro Minute eine Beute, und so ging das tagelang und so geht es noch heute. Stand das Gras hoch, sah man Rehe, vorzugsweise am frühen Abend. Waren die Felder gemäht, sahen wir auch Füchse und Hasen. Und ich besaß eine Schaukel zwischen zwei Bäumen, auf der ich Stunden verbrachte. Die Uhrzeit lasen wir mit dem Fernglas vom Kirchturm ab. Aber: Außer zum Milchholen brauchten wir keine Uhrzeit. Einmal pro Tag nämlich musste ich den steilen Weg hinunter zum Bauern und Milch holen. Sobald ich mich traute, ging ich zum Spielen hinunter: Auf dem Joslerhof waren nämlich Kinder in meinem Alter. Wir spielten Verstecken im Heu, ich half beim Ausmisten und beim Holzmachen. Fußballspielen ging leider nicht, denn immer wieder rollte der Ball die steilen Felder hinab. Wenn es dunkel wurde, ging ich mit der Milchkanne wieder hinauf, dann standen manchmal Rehe auf der Wiese. Ihre Rufe machten mir Angst, sie klangen wie das Krakeelen von Betrunkenen.

Ich kletterte in die Lärchen hinauf, und sobald der Wind sie zum Schaukeln brachte, schnell wieder hinab. Mein Vater erlaubte mir, so hoch zu steigen, wie ich wollte. Falls

In den Sechzigerjahren: der Sohn unseres Nachbarn mit dem Arbeitspferd.

ich hinunterstürzte, sollte es Prügel geben. Ich hatte noch keinerlei Bewusstsein für das, was bei einem Sturz aus 10, 15 Metern Höhe geschehen kann, aber die angedrohten Schläge nahm ich äußerst ernst und sah mich vor. Erst als Erwachsener durchschaute ich sie als Bluff: Er hatte mich ja niemals geschlagen, kein einziges Mal.

Höhepunkt jedes Jahres war das Hagen, das Einbringen des Heus. Abgesehen vom Balkenmäher für die weniger steilen Felder war alles Handarbeit. Frauen, Kinder und Alte rechten das Heu in waagrechte Reihen, die Männer schoben die Reihen mit der Heugabel zusammen. In riesigen Ballen, unter denen sie bis zu den Schultern verschwanden, schleppten sie das Heu auf einen hölzernen Schlitten, den Nadlinger. Der Umgang mit uns Kindern war unkompliziert: Wir durften helfen, soweit wir das konnten und wollten, aber wir sollten

nicht mit Schnittwunden, Verstauchungen oder Ähnlichem aufwarten. Ansonsten konnten wir tun und lassen, was wir wollten. Wir spielten Fangen, versteckten uns im Heu; an besonders steilen Feldern machten wir uns nützlich, indem wir in die zusammengerechten Heuballen hineinsprangen und mit ihnen in die Tiefe stoben, wo am Feldweg die Nadlinger standen.

Am Ende des Tages standen ein Dutzend Nadlinger, von zauberschönen Haflingern gezogen, unter langsam nachlassender Hochsommersonne vor dem offenen Scheunentor. Das waren die Sommer auf dem Feld: Jung und Alt, Mensch und Tier Seite an Seite unter Gottes Himmel, um die Ernte einzubringen. Über allem schwebte eine Kuppel von Gemeinschaft, Geborgenheit und Lebenssinn. Und mittendrin ich, ein glückliches Kind, das sich in ein Märchen

verirrt hatte. Später kaufte der Joslerbauer einen Jeep, und wir Jungs hingen natürlich außen am Aufbau wie die Pendler an diesen indischen Zügen. Vor der Abfahrt ermahnte er uns jedes Mal: „Gut festheben, gell?!" Weil das nur zur Hälfte Fürsorge war, zur anderen Hälfte einfach einen ungestörten Arbeitsablauf sichern sollte und er auf unsere Fähigkeiten vertraute, fühlte sich das für mich an wie ein Ritterschlag.

Kaum war ich so groß, dass ich beim Hagen endlich die Männerarbeit machen durfte, verlor ich mein Herz an die Bergsteigerei und das Interesse an Navis. Ich zog auf Abenteuer in die Westalpen, die Anden und den Karakorum; 20 Jahre sah die Hütte mich kaum. Wiebke, der das Anwesen nun mit mir gemeinsam gehört, nutzte es nur kurz, weil ihr die Anreise aus Flensburg – zumal mit kleinen Kindern – zu weit wurde. Die Hütte wuchs zu wie ein Dornröschenschloss, ein dichter Kranz von Lärchen drohte sie bei Stürmen zu erschlagen. Dann begann ich wieder hinaufzufahren und zu renovieren. Weil ich nun in Bayern wohnte und selbst Kinder hatte. Die sollten dort spielen können.

Und in der Tat, sie spielen an denselben Plätzen wie ich früher, aber ganz anders. Weil die Zeiten anders sind? Nein, weil es Mädchen sind. Sie suchen keine Mutproben hoch in den Lärchen und ich musste ihnen mühsam beibringen, wie man ein Feuer in Gang bringt. Ich selbst hatte das genauso gelernt wie das Laufen oder Sprechen. Jana und Txori hatte das einfach nicht interessiert, aber wenn man an kalten Tagen zwei Öfen einschüren muss, ist man dankbar, wenn man das delegieren kann. Und wenn es spät wird am Feuer, versuche ich ihnen beizubringen, dass Männer nun einfach schweigend in die Glut starren wollen und dass Männer eben so sind, herrje noch mal ...

Das mit dem Gemeinsam-schweigend-in-die-Glut-Starren hat noch nie funktioniert, weil sie eben Mädchen sind, und das ist der Teil, den ich dabei gelernt habe. Sie flechten Kränze aus Blumen, backen Kuchen aus Sand und Blumen, spielen Mutter und Kind. Wenn wir Pilze sammeln gehen, zeige ich ihnen die Stellen, die ich von meiner Mutter noch kenne, und die meisten Sorten erkennen sie sicher. Txori, die jüngere, ist Expertin für Butterpilze. Ich liebe das

Gefühl, von draußen mit Essbarem nach Hause zu kommen, seien es Pilze, Beeren, Pfefferminze oder wilder Kümmel: eine uralte archaische Befriedigung ähnlich wie die Wärme des offenen Feuers. Wenn wir Pilze haben, helfen die Kinder praktischerweise immer beim Putzen, essen sie aber nicht, sodass die ganze Beute für mich bleibt und ich regelmäßig Mühe habe, sie auch aufzuessen.

Wir schlafen draußen, haben immer noch keinen Strom, das Handy bleibt unten im Auto. Grundsätzlich ist es immer anstrengend, als Erwachsener allein die Küche zu führen – hier oben noch mehr als unten – und gleichzeitig Kinder zu betreuen. Aber solange es nicht in Strömen regnet, beschäftigt sie ihr Spiel meistens so intensiv, dass an aktiver Aufsicht nicht viel zu leisten ist. Wenn wir Besuch mit Kindern haben, brauchen die Kinder uns Erwachsene nur noch zum Essenmachen und zum Vorlesen.

Sie spielen, sie sind.

Sie brauchen den lieben langen Tag weder Spielzeug – ein Stück Rohr ist ein Bett für die Spielzeugmäuse, ein Stück Holz ein Mensch oder ein Pferd – noch Anleitung oder irgendeine Form von aktiver Pädagogik. Sie gehen auf im Spiel und in ihrer Umgebung. Gräser und Käfer, Blumen und Eidechsen sind ihre Gegenüber. Eins mit den Wesen der Natur werden sie eins mit der Welt und mit sich selbst – was für einen Kitsch schreibe ich hier? Aber es ist einfach das, was ich beobachte. Nie habe ich sie so glücklich erlebt

wie auf der Hütte. Das Paradies stelle ich mir als einen Ort ohne Strom vor.

Noch eine Erinnerung. Als ich etwa acht Jahre alt war, veränderte eine Zeichnung mein Leben für immer. Meine Schwester Wiebke war noch dabei, und unsere Mutter hatte gezeichnet, das war ja an sich nichts Besonderes, das tat sie oft. An diesem Tage aber erklärte sie, wie sehr sie an einer großen einheimischen Blumenart der Ausdruck von Kraft fasziniere, mit der die Knospen hervorbrachen.

Stumm mein Staunen verbergend, blickte ich zwischen dem Blatt und meiner Mutter hin und her. Diese Blumenart hatte mir nie besonders gefallen, aber die Zeichnung drückte genau aus, was unsere Mutter eben gesagt hatte: Mit Kraft brachen die Knospen hervor, genau, so war es. Mich störte gar nicht, dass mir diese ebenso absonderliche wie unwiderlegbare Tatsache nicht von selbst aufgefallen war, ich war nur glücklich, es jetzt zu wissen. Und wie wichtig musste das sein, machte sich doch eine Erwachsene – meine Mutter – die ernsthafte Mühe, es zu zeichnen! Und die Dinge hatten

mehr Eigenschaften, als ich gewusst hatte. Eigenschaften, die man eigentlich nicht sehen konnte, aber die trotzdem da waren. Knospen, die Kraft haben. Und meine Mutter war jemand, die von etwas wusste, von dem ich bisher nichts geahnt hatte: Sie hatte das schon immer gewusst! Und sie war fähig, das mit einem weichen Bleistift abzubilden! Und also war die Welt, die ganze Welt anders, als ich bislang gedacht hatte. Glänzender! Geheimnisvoller! Und ich selbst also auch: denn ich gehörte ja dazu.

Von da an war meine Welt mit einem Zauber überzogen, der bis heute immer wieder aufscheint.

Zelten, klettern, kochen

Draußen mit anderen Familien

Es gibt Missverständnisse, für die ist man sein Leben lang dankbar: Die traditionelle Maifeier der Pfälzer Kletterer, mein Vorwand für die lange Reise, findet, wie ich noch herausfinden werde, erst nächste Woche statt. Aber nun sind wir hier: Jana und ich und sonst erst einmal niemand. Nun gut, es ist erst Donnerstagmorgen, wir sind eben früh ins Wochenende gefahren, damit die lange Reise sich lohnt, irgendjemand wird schon kommen. Aber wenn nicht?

Früher kam ich an den Wochenenden regelmäßig zum Klettern hierher ins Bärenbrunner Tal und war glücklich. Klettern war das Wichtigste in meinem Leben, und hier hatte ich alles, was ich wollte. Jetzt will ich in aller Ruhe wieder ein paar Meter Fels unter die Finger bekommen und mit Jana zusammen draußen sein. Ich will wieder hier sein, draußen zu Hause sein und sie will dabei sein. Wie viel ich klettern werde, ist Nebensache.

Wir steigen auf die „Nonne", den ersten Felsen über der Wiese, und ich erkläre Jana die Aussicht auf den für mich schönsten Quadratkilometer Deutschlands. Das schmale Sträßchen endet als Sackgasse an einem Bio-Bauernhof, zu dem eine Kneipe mit Spielplatz gehört. Die kleine Sandkiste, die früher dort stand, haben die Kinder zu einem Manövergelände en miniature ausgeweitet. Rund um den

Talschluss, auf von Kiefern bestandenen Kämmen, recken sich rote Sandsteinfelsen in den blauen Himmel und du hörst, bis auf die paar Autos, die hier hereinkommen, keinerlei Verkehrslärm. Jana will wissen, wo andere Kinder sind.

Als wir wieder zu der Wiese kommen, auf der man zeltet – kein richtiger Zeltplatz, das ist das Schöne hier, nur eine Wiese – baut jemand das nächste Zelt auf: Lori, eine Amerikanerin, die hier in der Nähe wohnt. Ihre Tochter heißt Josephine und ist fünf, genauso alt wie Jana. Die beiden beginnen zu spielen. Am Abend kommen Loris Lebensgefährte Michael, ihre ältere Tochter Anna und noch ein Freund.

Anna liest, die Kleinen spielen. Wir alle essen zusammen und über uns funkeln die Sterne. Kein Wort brauchen wir darüber zu verlieren, dass wir alle – vier Erwachsene und drei Kinder – die nächsten Tage gemeinsam verbringen werden. Es ist so gekommen und es wird gut sein. Michael spielt Gitarre, Jana schläft in eine Decke gemummelt auf meinem Schoß ein.

Nach dem Frühstück baut sie ihren Kindersitz aus und läuft hinüber zu Loris Auto. Man sieht nur den Sitz und darunter Janas Beinchen, die eilends über die Wiese wetzen. Jana ist ein schüchterner, in sich gekehrter kleiner Mensch, der jetzt gerade alleine geregelt hat, dass das Mitfahren da drüben

okay ist und sie nur den Sitz mitbringen muss. Ich werde mich hüten, da nachzufragen. Es ist ihr eigenes Erfolgserlebnis, und ihr allein soll es gehören.

Als die nächste lange Fahrt von Bayern in die Pfalz ansteht, will unsere Jüngste mit: Txori, zwei Jahre jung und noch in den Windeln. Also fast noch zu klein. Aber als sie die Bedenken durchschaut, will sie erst recht mit. Will zeigen, dass sie schon groß ist. Und natürlich kann ich ihr den Wunsch nicht abschlagen. Obwohl ich befürchte, dass sie die Mama schon nach den ersten Stunden furchtbar vermissen wird und nach eine Stunde auf der Autobahn sagt: »Ich will zu Mama.« So endet es auch jedes Mal, wenn wir ich im Garten mit Jana zelte. Die Kleine will dabei sein und sobald die Lampe aus ist: »Ich will zu Mama.« Aber wir wollen es gemeinsam versuchen.

Tupperdose mit Häppchen auf dem Beifahrersitz, Malsachen, Bilderbücher auf der Rückbank. Spätnachmittags losfahren, Windeln wechseln auf der warmen Motorhaube, weiterfahren bis in die Nacht. Zelt aufbauen, Windel wechseln mit der Taschenlampe, dann tiefer Schlaf. Um halb sieben rubbelt Txori ihre Nase gegen meine und flüstert: „Liebe dich!" Jana jammert, sie will noch schlafen. Nicht nur sie. Ich auch.

Ich ahne schon, wie das hier alles wird: anstrengend und wundervoll. Mit Lori und ihrer Familie sind wir schnell wieder eingespielt. Sie kennen die kindergeeigneten Felsen, und wenn wir dort sind, bekommen die Kleinen erst einmal einen kleinen Platz mit einer Decke, Spielsachen, Essen, Trinken. Dazu spanne ich ihnen eine große Hängematte auf. Dann lassen wir sie in Ruhe und spielen selbst – wir klettern.

Der Reihe nach ist immer einer für die Kinder zuständig, passt auf, dass sie auf keine zu hohen Vorsprünge klettern, oder liest ihnen vor. Anfangs wollen sie uns noch in ihr Spiel einbinden, meistens mit dem „Restaurant-Spiel": Wir Erwachsenen bestellen, dann tun sie so, als ob sie uns das Gewünschte bringen, und wir tun so, als seien die Halme auf dem Stein ein Teller Nudeln. Aus irgendeinem Grund besteht für eine Weile der Witz darin, dass sie mich vergiften. Jana kann noch kein „G" sprechen, und deswegen bekomme ich jedes Essen „mit Bift, hihihi". Dann muss ich das Gesicht verziehen, als ob es ganz grauenhaft schmecke, und die Mädchen schütten sich aus vor Lachen. Als Nächstes suchen sie sich Verstecke und Höhlen, die wir nicht betreten dürfen, und bauen ein Häuschen für einen Mistkäfer.

Morgens und abends, wenn wir nicht unterwegs sind, sitzt Txori in der großen Kuhle am Zeltplatz und versinkt in Zeit und Sand. Der Sand ist hier ganz besonders fein, und manchmal setze ich mich dazu. Unter der warmen Oberfläche ist der Sand kühler, feuchter, fester. Ich erinnere mich, wie viele solcher Tastreize, Geräusche, Gerüche mir in meinem Leben als Kind begegnet waren. Und wie normal es war, unter dem Spiel genau wie meine Kleine die ganze Welt zu vergessen.

Ich will nicht lügen: dass ich hier so glücklich bin, liegt schon auch daran, dass ich zwischendrin ordentlich zum Klettern komme, und das geht meinen Mit-Erwachsenen genauso. Doch dass die Kinder so glücklich spielen, macht die Tage erst zu dem, was sie sind. Und dass die Kinder so spielen, liegt eben auch daran, dass wir zwar für sie da sind, wenn sie uns brauchen, sie aber ansonsten in Ruhe lassen und nie ohne Grund ihr Spiel unterbrechen. Wie ich es hasse, wenn Eltern sich ständig ihrer Wichtigkeit vergewissern, indem sie die Kinder mitten unter dem eifrigsten und konzentriertesten Spiel zu nutzlosem Zeug ermahnen oder ihnen etwas zu essen aufnötigen. Es ist so grauenhaft respektlos.

Wenn die Kleinen müde werden und quengeln, geben wir nach und gehen, bauen Ausflüge zum Baden und in die Eisdiele ein. Mit dem Essen halten wir es ähnlich. Wir geben uns Mühe, hier draußen etwas zu kochen, was ihnen schmeckt, aber dann heißt es: Was auf den Tisch kommt, wird gegessen. Beziehungsweise: Sie müssen es nicht essen, aber etwas anderes bekommen sie auch nicht. Wir strengen uns an für sie, aber wir opfern uns nicht auf. Wir sind Eltern, nicht Kellner. Nur wenn die Kinder uns dabei erleben, wie wir mit

halbwegs sichtbarem Erfolg danach streben, glücklich zu sein, nur dann geben wir ein brauchbares Vorbild. Wenn die Kleinen ein Zelt für sich haben wollen, dann bekommen sie es. Wenn sie es selber aufbauen können, dann müssen sie das auch selber tun.

Ich lernte andere Eltern mit anderen Outdoor-Hobbys wie Wildwasser, Skilauf oder Surfen kennen. Die einen trennten Hobby oder Sport und Familie, die anderen machten es wie wir: zuerst auf die Kinder achten, aber immer auch darauf, dass man selbst nicht zu kurz kommt. Und nur so kann es eigentlich auch gehen. Schlecht gelaunte Kinder verderben genauso allen den Tag wie wichtigtuerische Erwachsene, die entweder den Kindern den Tag verderben, indem sie sie vor lauter Sorge am Spielen hindern oder sich gar nicht um sie kümmern. Man muss als Eltern zusammenpassen, das ist manchmal gar nicht so leicht. Aber wenn es passt, dann läuft es wie von selbst.

Um regelmäßig ins Bärenbrunner Tal zu kommen, ist der Weg leider zu weit. Ich nehme Kontakt mit einer Familie in Nürnberg auf, die ich flüchtig über einen alten Freund kenne. Er hat auch eine Tochter in Janas Alter und einmal waren wir beide zu zweit mit den Kindern am Fels, aber das hat nicht funktioniert. Man muss mindestens zu dritt sein: Zwei klettern, einer schaut nach den Kindern, das ist die Formel.

Mit den Reichsteins, bei denen beide Eltern klettern, passt alles perfekt zusammen und über zwei Jahre besuchen wir sie immer wieder.

Dass ihre drei Kinder fast jedes Wochenende draußen sind, ist nicht zu übersehen, sie klettern an kleinen bemoosten Felsen herum, dass einem angst und bange wird, staksen stundenlang mit nackten Füßen im kalten Matsch und bekommen keinen Schnupfen. Meine zwei halten sich da etwas zurück, und alle miteinander wissen sehr genau, was sie sich zutrauen können und was nicht.

Wann immer sie wollen, lassen wir stolze Eltern sie leichte Touren mit Seil nachklettern, und wenn die kleinen Reichsteins am Fels herumturnen, wollen meine hinterher. Manchmal bauen wir aus dem umgelenkten Kletterseil eine Schaukel, und Schaukeln ist natürlich noch viel besser als Klettern.

Mich fasziniert, wie sehr sich das Spiel der Mädchen von allen meinen Erinnerungen an die Spiele unter Jungs unterscheidet. Jana und Janina spielen mit Autos, und soweit ich mich entsinne, müsste es dann darum gehen, welches am schnellsten fährt. Bei ihnen bekommen die Autos Vornamen und dann bringen sie die Autos ins Bett und die Autos gehen in die Schule. Der Mercedes und der Sportwagen sind Freundinnen („Hanni und Nanni"), und der Opel Manta ist die Lehrerin („Frau Kretsch"). Der Käfer, dem Jana mit Josephine in der Pfalz ein Häuschen baute, hieß übrigens „Lisi".

Weil Sebastian, der Älteste von den kleinen Reichsteins, schon Quartett spielt, macht sein kleiner Bruder Joschi das nach. Er drückt Txori Karten in die Hand und piepst: „Du musst jetzt sagen ‚zweihundert Kubik!'" Zwar versteht keiner von beiden, wie das Spiel geht, aber das stört natürlich niemanden.

Über die zwei Jahre, in denen wir immer wieder mit den Reichsteins unterwegs sind, bleiben die beiden ganz Kleinen unzertrennlich und streiten sich kein einziges Mal. Und irgendwann kommt Txori auf ihren kleinen Beinchen zu mir gewetzt, mit glänzenden Augen, der ganze kleine Mensch leuchtend vor Glück, aber bis zu mir schafft sie es dann doch

nicht, das Glück ist so groß, dass es vorher heraus muss: „Papa, wir spielen PIRATEN! Und ich bin die PRINZESSIN!! Und – und – und Joschi tut mich FESSELN! Juhu!" Dann flitzt sie zurück. Sebastian geht in die dritte Klasse und liest Karl May. Manchmal stolpert er, denn er liest auch im Gehen.

Die Reichsteins haben ein großes Netzwerk von anderen Kletterern mit Kindern, und manchmal fühlt sich das an, als wären wir eine kleine Indianersippe mit all den Kindern und Hängematten. Wenn wir abends an der Hütte ihrer Freunde das Feuer entzünden, ist es ein Gefühl wie Weihnachten. Richtig Weihnachten, also nicht so, wie man es als Erwachsener wirklich erlebt, sondern irreal und verklärt schön wie in der Erinnerung an jene wenigen perfekten Weihnachtstage in der Kindheit.

Pfingsten 2007 fuhren wir noch einmal in die Pfalz. Diese Tage waren ein Höhepunkt meines, unseres Outdoor-Lebens. Zehn Tage lang waren wir mit den Buchners im Bärenbrunner Tal zelten und klettern, rund um die Uhr unter freiem Himmel, dazu fantastisches Wetter. Es war anstrengend: Wasser aus Kanistern, Kochen mit Benzin, Waschen unter freiem Himmel. Aber: Nach diesen zehn Tagen hatte sich in den Kindern etwas verändert, das vernünftig zu präzisieren ich nicht imstande bin. Sie sind das Draußensein ja von klein auf gewöhnt, aber nach dieser langen Spanne war es, als hätte ein himmlischer Klavierstimmer ihre Seelen neu gestimmt. Nie zuvor waren sie so sehr bei sich selbst, so gelassen, so ausgelassen, so fröhlich und so tief verwurzelt in dem Wissen, dass das Leben wunderschön ist.

Oft sah ich ihnen zu und dachte nach. Ohne Jana hätte ich die erste Fahrt zurück ins Bärenbrunner Tal nicht unternommen, nun hatten wir alle zusammen das hier erlebt. So entstand die Idee zu diesem Buch.

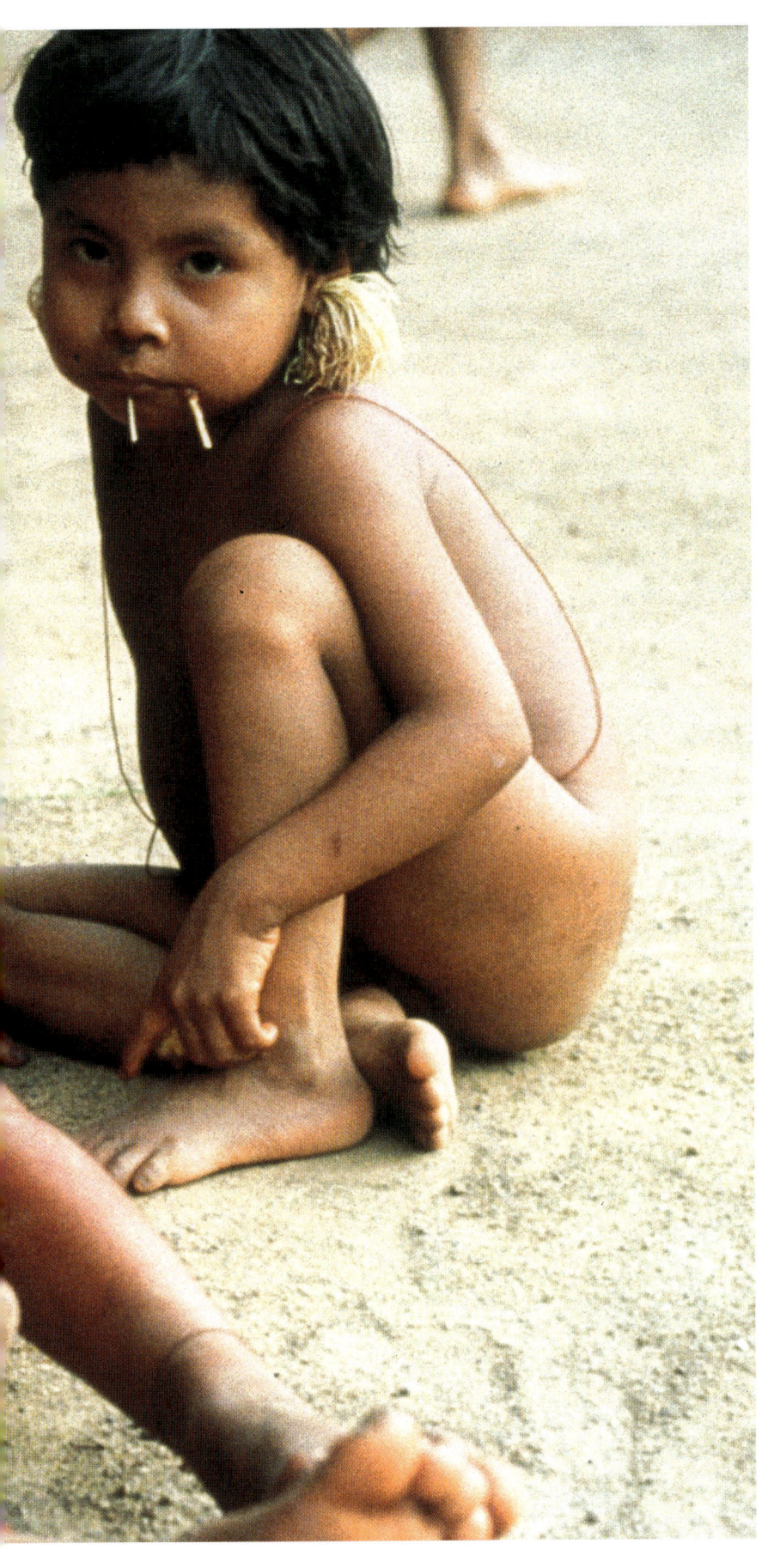

Yanomami

Leben im Wald

von Dr. Gabriele Herzog-Schröder

Die Yanomami-Indianer leben im tropischen Regenwald im brasilianisch-venezolanischen Grenzgebiet. Hier am Nordrand des Amazonas-Tieflands hat der technische Fortschritt noch nicht Einzug gehalten und die Menschen leben – zumindest fernab von den Missionsstationen – noch weitgehend das Leben von Jägern, Sammlerinnen und einfachen Gartenbauern.

Die Mütter bringen ihre Babys im Wald zur Welt, und zunächst gelten die Neugeborenen als „Wesen im Übergang", wie es der französische Ethnologe Jacques Lizot formulierte: noch nicht Mensch, noch nicht definiert. Man kann noch nicht mit Sicherheit wissen, ob sie Tier, Geist oder Mensch sind. Erst durch die „Behandlung" der Mutter und der Frauen, die sie bei der Geburt unterstützen, durch das Aufgenommen-Werden vom Waldboden, durch das Waschen, Ins-Dorf-Tragen und dadurch, dass die Mutter sie an die Brust legt, verwandeln sie sich in Menschenkinder. Doch

sie kamen aus einer ungewissen Sphäre – deshalb die Geburt im Wald.

Dann sind sie Säuglinge, zunächst fast in ständigem Körperkontakt mit der Mutter, die das Baby überall mit hinnimmt und nur gelegentlich an den Vater oder eine ihrer Verwandten abgibt, die gerne mit dem Kleinen spielen. Mit etwa 18 Monaten, also wenige Monate später als hierzulande, beginnen sie zu laufen.

Vier Jahre lang müssen sie gestillt werden, um eine Überlebenschance zu haben. Die Entwöhnung ist für sie eine lebensgefährliche Zeit, obgleich ihnen schon längst Nahrung zugefüttert wurde. Erst wenn sie diese Hürde genommen haben und unabhängig von der Mutter und ihrer Milch leben können, erhalten sie einen Namen.

Dann sind sie „Kinder" – *ihirupë* bzw. *suwë hëri*. Sie bleiben noch immer nahe bei der Mutter oder der sie betreuenden Person. Die Mutter ist zu jedem Zeitpunkt höchst mobil und verlässt die schützende Siedlung häufig. Meist geht sie vormittags in den Garten, um Bananen, Süßkartoffeln oder dergleichen zu ernten. Oder sie begibt sich zusammen mit anderen Frauen entlang der Wasserläufe eines kleinen Flusses oder Bachs auf „Krebsjagd". Bei diesen Unternehmungen „jagen" die Frauen neben Krebsen auch kleine Fischchen, Schnecken, Frösche oder sie sammeln Vogeleier oder wilde Früchte.

Sobald die Kinder laufen können, rennen sie mit den Frauen. Die Jungen sind schon früh mit kleinen Pfeilen und Bögen unterwegs und lernen spielerisch auf kleine Fischchen zielen; die Mädchen tragen oft schon mit fünf oder sechs Jahren einen kleinen Korb an einem Trageriemen um den Kopf, in dem sie die selbst erlegten Krebschen und die gefundenen Pilze oder Schnecken verwahren und dann zurück ins Dorf tragen – wie die erwachsenen Frauen.

Zuweilen bleiben die Kinder, wenn die Mütter jagen und sammeln gehen, bei einer Großmutter oder einer Tante im Dorf zurück. Dann finden sich meist mehrere Kinder verschiedenen Alters in einer Gruppe zusammen und spielen. In dieser Konstellation wird vieles gelernt: Die Kleinen lernen von den Älteren und die von den wiederum Größeren. Bei diesem Spiel entstehen häufig auch kleine Mahlzeiten; bereits Fünfjährige entfachen ein eigenes Feuer, garen Süßkartoffeln oder andere Knollen in der Glut und holen sie geschickt mit den bloßen Fingern aus der heißen Asche, ohne sich zu verbrennen. Bei solchen Spielen kooperieren

Mädchen und Buben einträchtig, in anderen Situationen fällt eine klare Aufteilung nach Geschlechtern auf. Während sich die Jungen in Geschicklichkeiten üben, die ihnen später auf der Jagd zugutekommen, werden die Mädchen schon früh mit der Verantwortung für die Kleineren betraut. Während bei uns kleine Mädchen mit Puppen spielen, tragen sie hier die Säuglinge mit sich herum, füttern die Kleinen mit vorgekauter Banane und wiegen sich mit ihnen in der Hängematte. Wenn die Kleinen unruhig werden, so versuchen sie sie mit allen Mitteln vom Weinen abzulenken, denn heftiges

Weinen zieht – nach der Empfindung der Yanomami – leicht eine Krankheit nach sich. Dafür wird der Verlust der Seele verantwortlich gemacht, die dem Körper beim Weinen zu entweichen droht. Die kleinen Mädchen sind sich ihrer verantwortungsvollen Aufgabe dabei durchaus bewusst.
Die Spiele der angehenden Jäger mögen uns dagegen grob erscheinen. Zum Beispiel binden sie großen Käfern einen Faden um den Bauch, an dessen Ende ein Federchen befestigt ist. Der nun langsam und schwerfällig fliegende Käfer dient als Ziel für ihre Übungen mit Pfeil und Bogen.

Im Alter zwischen neun und elf Jahren legen die Jungen einen Lendenschurz an oder binden die althergebrachte Penisschnur um. Heute erhalten viele ihre ersten Shorts. Noch ein paar Jahre, dann begleiten die Jungen gelegentlich den Vater in den Wald. Spielerisch lernen sie die lebensnotwendigen Verrichtungen in Haus und Garten und die Zeichen des Waldes deuten. Ein Mädchen mit 14 Jahren kann praktisch alles, was für die Versorgung einer Familie nötig ist.

Vom von den Jägern erbeuteten Jagdwild – *yaro* – essen Kinder wenig. Ihren Eiweißbedarf decken sie vor allem mit kleinen Tieren wie Insektenlarven, Krabben, Schnecken und Fischchen, die sie selbst fangen oder die von den Müttern auf deren Sammelzügen erbeutet werden.

Der Lebensraum der Yanomami ist der Wald. Das Wort für „Land" und für „Wald" ist dasselbe: *urihi*. Vor allem die Gemeinschaften am Oberen Orinoko leben in einer praktisch ausschließlich von Wald charakterisierten hügeligen Gegend, die von einer Vielzahl kleiner Bäche und Flüsschen durchzogen ist. Diese münden schließlich alle in den Orinoko.

Dem Wald trotzen die Yanomami Lichtungen ab, wo sie ihre Siedlungen errichten und Gärten anlegen, die einen Großteil ihrer Nahrung spenden: Bananen, Maniok, Süßkartoffeln und vieles mehr.

Die Häuser und die Pultdächer sind im Kreis oder Oval aufgestellt. Nach innen öffnen sich die Dächer zu einem großen,

unbewohnten Platz. Nach hinten neigen sich die Dächer weit zum Boden und schließen so das Haus, aber zugleich auch das Dorf gegen den Wald ab. Unter dem niedrigen Teil des Daches hängen die Hängematten um eine meist glimmende Feuerstelle an den Stützpfosten des Daches. Nach vorne und zu den Seiten sind diese Wohneinheiten, die jeweils eine Familie bewohnt, aber nicht begrenzt; einen geschlossenen Raum gibt es nirgends.

Das gesamte Dorfrund stellt die Schutzzone dar, in der sich die Kinder sicher fühlen können. Dabei wird das Zentrum selbst, der eigentliche Dorfplatz also, gar nicht verwendet. Die räumlich-soziale „Kernzone" der Yanomami verläuft entlang des ringförmigen Bereichs, der unter dem vorderen

und höchsten Teil der Dächer liegt. Wird die Sonneneinstrahlung zu stark, dann verlagern die Kinder ihre Aktivitäten weiter unter das Dach oder auf die andere, schattige Seite des Dorfrunds.

Draußen ist der Wald und das ist für die Yanomami – vor allem je weiter sie sich vom Dorf und von den Gärten entfernen – die „wilde Sphäre", bevölkert von Wesen, die den Menschen nicht unbedingt zugetan sind und ihnen gefährlich werden können. Da ist Vorsicht geboten, und diese Vorsicht wird bereits den Kleinsten eingebläut. Sobald die kleinen Krabbler sich selbst im *shapono* von der Mutter oder der anderen sie betreuenden Person entfernen, rufen die Erwachsenen drohend: „Pore, pore, pore ...!" *Pore* sind die

bösartigen Geister derjenigen, die nicht den Regeln gemäß bestattet wurden.

Die Pore stellen auch für die Erwachsenen eine ständige Bedrohung dar. Für die Kinder ist es eine stereotype Warnung mit dem Resultat, dass die kleinen Kinder eng bei der Gruppe bleiben. Die Anwesenheit von Geistern im Wald ist für die Indianer eine Tatsache, der sie in jedem Moment Rechnung tragen. Philippe Descola, einer der derzeit bedeutendsten Ethnologen Frankreichs, nahm in seinem Werk *La nature domestique* Stellung zur Position des Waldes in der Weltauffassung der Waldindianer Amazoniens:

„Wenn der Wald ein großer wilder Garten ist, so ist er auch der Ort von Verbindung par excellence, an dem sich die Geschlechter vereinen und die Feinde aufeinanderprallen. Diese Verrichtungen sind nichts, was die Indianer leichtnähmen, und deshalb ist der Wald kein Ort für einen Spaziergang und kein Spielplatz für die Kinder. Man geht in den Wald aus einem ganz bestimmten Grund und mit einer klaren Zielvorstellung. In diesem Raum, in dem man dem Anderen und dem Tod ganz unmittelbar begegnet, hausen Wesen, die Respekt verlangen. Sie werden überredet und verführt wie eine Frau und wie einem Feind lauert man ihnen auf und tötet sie; der Umgang mit den Tieren des

Waldes fordert die gesamte Bandbreite versöhnender und kriegerischer Fertigkeiten im menschlichen Repertoire."

Diese Geistwesen sind äußerst aktiv, unberechenbar, feige und hinterlistig; bevorzugt machen sie Kinder, deren Seele noch nicht stabil und fest im Körper verankert ist, zu ihren Opfern. Deshalb ist der Wald – wie Descola deutlich macht – „kein Spielplatz für die Kinder", dafür ist der tropische Urwald einfach zu gefährlich.

Dennoch kennen die Kinder früh die Wege zu den Gärten und zur nahe gelegenen Wasserstelle, und dahin wagen sie

schaft in Südvenezuela besucht. Bei meinem ersten, mehrere Monate dauernden Besuch konnte ich meinen Sohn mitnehmen, der damals noch ein ganz kleines Kind war. Die folgenden Geschichten über die Bedeutung von drinnen und draußen, von Spiel und Gefahr, vom Aufwachsen und vom Sammeln von Erfahrungen habe ich zusammengefasst aus Erzählungen von Yipirama, einem Mädchen, mit dem ich Freundschaft geschlossen hatte.

sich. Oft werden die größeren Kinder auch geschickt, um Wasser zu holen oder Früchte ins Dorf zu tragen, die beim Bach gewaschen wurden.

Spielzeug, wie es bei uns in großen Mengen hergestellt wird, ist hier gänzlich unbekannt. Spielzeug erfinden sie stets unmittelbar aus ihrer Umgebung, dabei beginnen sie früh die Erwachsenen zu imitieren und spielerisch mit den Dingen umzugehen. Oft beinhaltet das Spiel eine ernst zu nehmende Tätigkeit wie die Aufsicht über die ganz Kleinen.

In den Achtziger- und Neunzigerjahren des vergangenen Jahrhunderts habe ich mehrfach eine Yanomami-Gemein-

Mädchen im Yanomami-Dorf

Die Jagd auf Krabben ist ausschließlich Sache der Mädchen und Frauen. Ich habe schon gelernt, mit dem ganzen Arm tief in den Krebsgang hineinzufassen, um sie zu erwischen. Wenn ich einen Krebs spüre, dann muss ich ihn ganz schnell packen und fest zudrücken, sonst kneift er mich zuerst in meine Finger. Früher hatte ich Angst vor ihnen, sie können einem ganz schön wehtun. Jetzt bin ich aber schon ganz geschickt im Fangen der Krebse. Wir waschen sie dann gleich am Bach und packen sie zusammen mit Kräutern oder wilden Blüten in große Blätter. Wenn wir ins Dorf kommen, werden wir die kleinen Pakete auf der Feuerstelle in der heißen Glut garen und mit gerösteter Kochbanane essen. Alle essen diese Krebse gerne, vor allem wir Frauen.

Der Weg zurück ins Dorf führt durch einen Garten, in dem Bananen, Maniok, Pfeilrohr, alle möglichen Knollen und Zuckerrohr angebaut werden. Aus dem nahen Bach kommen gegen Abend oft Kaimane, um zu fressen, was von den Bäumen fällt oder was die Leute zurückgelassen haben, wenn sie für ihre Familien ernten. Wir schleichen uns gerne langsam heran, erschrecken sie und jagen sie ins Bachbett zurück. Mein großer Bruder legt sich hier manchmal auf die Lauer. Er hat hier sogar einmal mit einem einzigen Pfeil einen jungen Ozelot erlegt. Oh, war er stolz!

Unter unserem Dach habe ich drei bunte Vögel, die ich mit meiner Schwester pflege. Ich hatte sie aus ihrem Nest im Wald genommen. Zuerst waren sie noch fast nackt. Damals habe ich ein kleines Körbchen für sie geflochten, als Haus, in dem sie geschützt liegen konnten. Nachts hänge ich es über meiner Hängematte auf, um sie vor Angriffen der Ameisen zu schützen. Viele, viele Tage lang wollten sie ständig gefüttert werden und sperrten ihre kleinen Schnäbel weit auf. Meist habe ich gekochte Palmfrüchte oder geröstete Planten vorgekaut und sie damit genährt. Wie freute ich mich, als ihre Federn immer schöner und bunter wuchsen. Ich darf aber nicht verpassen, ihnen die langen Flugfedern an den Flügeln immer wieder vorsichtig abzubeißen, damit sie nicht wegfliegen können. Sie bleiben immer eng beieinander und sind ziemlich frech. Aber sie kennen mich ganz genau und kommen zu mir, wenn ich sie rufe.

Die Reife

Einige Monate später ereignete sich etwas höchst Aufregendes. Meine Schwester war „reif" geworden und wurde von meiner Mutter in besonderen Schutz genommen. Mutter holte schnell große Blätter aus dem Wald und teilte hinten in unserer Wohneinheit einen kleinen Raum ab. Wenn bei einem Mädchen das erste Mal Blut fließt, dann ist sie für eine Weile sehr gefährlich für die Gruppe, vor allem für die Männer. Sie hat diese besondere Macht, weil sie in der Verwandlung steht.

Wenn Männer sie sehen, dann werden sie verrückt. Sie wissen nicht mehr, wohin sie gehören, können nicht mehr gehen, nur noch torkeln und ihre Zunge gehorcht ihnen nicht mehr. Es gibt auch eine alte Geschichte, nach der ein ganzes Dorf untergegangen ist, als ein Mädchen in der Verwandlung ihren Schutzverschlag vorzeitig verließ. Noch jetzt kann man im Fluss die großen Steine sehen, wo dieses Dorf früher stand.

Meine Schwester war stolz und glücklich, obwohl sie stets ernst blickte. Nur Frauen und Mädchen durften zu ihr. Ich spannte in mancher Nacht meine Hängematte über der ihren auf und schlief bei ihr in der schmalen dunklen Hütte. Sie musste bei allem, was sie tat, sehr vorsichtig sein: Sie durfte nicht laut sprechen und lag meist ganz gerade ausgestreckt in ihrer Hängematte. Meine Schwester hat, gleich als sie den Blutfluss entdeckt hatte, allen Körperschmuck abgelegt. In der Abschließung muss man vollkommen nackt sein. Nur in den Ohrlöchern stecken grobe Holzpflöckchen,

damit sich die Öffnungen nicht schließen. Beim großen Schmücken zum Abschluss der besonderen Zeit wollen wir schön sein und mit vielen Fasern und Federn herausgeputzt werden. Ganz mager wurde meine arme Schwester im Lauf der Zeit. Sie aß ja auch kaum etwas. Nur einen gegarten Krebs und ein Stückchen Kochbanane durfte sie von Zeit zu Zeit zu sich nehmen und nur ein bisschen Wasser trank sie. Das saugte sie mit einem Trinkröhrchen aus einer Kalebassenschale.

Obwohl es viele Tage dauerte, hielt meine Schwester gut durch. Wir glauben, dass es eine Frau stark macht und ihre Persönlichkeit und ihren Willen festigt, wenn sie lange im Verschlag verharrt und alle Regeln einhält. Manche jungen Frauen geben früh auf. Sie drängen darauf, den Verschlag bald zu verlassen, und danach sind sie dann schwach und oft sterben sie früh. Ich habe alles ganz genau beobachtet. Hoffentlich werde ich ebenso stark und ernsthaft sein wie meine Schwester! Schon jetzt habe ich ein bisschen von ihrer Beharrlichkeit übernehmen können, weil ich viel Zeit bei ihr verbringen durfte. Das hilft schon!

Meine Schwester wurde auch von dem jungen Mann unterstützt, dem sie versprochen ist. Seit vielen Monaten schon lebt dieser stille Mann aus einem vier Tage entfernten Dorf in unserem Nachbarabteil. Er heißt Pashowë, das kann ich sagen, da es nicht sein wirklicher Name ist.

Wenn Pashowë auf der Jagd erfolgreich ist, so legt er das Wild außerhalb des Eingangs ab und bittet meinen Bruder, meine Schwester oder mich, es zu holen und meinen Eltern zu bringen. Ein Jäger bringt seine Beute nie selbst ins Dorf. Er isst auch kaum etwas davon. Von den Vögeln und den anderen kleinen Tieren, die er fängt, bekommen wir, meine Schwester und ich, meist die Köpfe, die wir aussaugen. Das ist der größte Leckerbissen für uns und vor allem: Es macht uns Mädchen schnell reif. Diesen Dienst, den der Schwiegersohn bei der Familie der Braut durchführt, nennen wir deshalb kurz „Köpfe bringen".

Als meine Schwester in diesem besonderen Zustand war, bewies Pashowë seinen ernsthaften Willen, sie zur Frau zu nehmen, indem auch er fastete und selbst die Regeln ein-

hielt, die sie zu beachten hatte. Er kratzte sich mit einem Stäbchen und in dieser Zeit konnte er nicht jagen gehen, da er sich von Wasser strikt fernhalten musste. Von unserem Dorf aus kommt man nicht weit, ohne einen Bach zu überqueren. Man sagt, dass die junge Frau besonders stark wird, wenn der Mann, dem sie versprochen ist, sie in dieser Zeit „begleitet". Meine Mutter ist sehr glücklich über seine Disziplin. Ich hörte, wie sie oft mit meiner Tante darüber sprach, dass er geholfen hatte, ihre Tochter reif zu machen, und nun noch mit ihr fastete. Allerdings weiß ich, dass meine Schwester lieber mit einem anderen jungen Mann aus dem Dorf leben will, mit Yarowë, dem Sohn des

Schamanen. Der hat zwar schon eine Frau, eine vom Fluss, aber meine Schwester möchte gerne seine zweite Frau werden, wenn die erste einverstanden ist. Das hat sie mir einmal verraten und als ich die beiden beobachtete, wurde mir klar, dass auch er sie heimlich ansieht. Wenn sie Pashowë wirklich nicht will, so soll er warten. Ich werde ja auch bald reif. Ich nehme ihn gerne, denn ich mag seine ruhige Art und er kann auch schön tanzen und singen. Ein guter Jäger ist er ebenfalls! Wenn meine Schwester ihn doch mag, dann werde ich seine zweite Frau. So denke ich heute.

Schließlich meinte Großmutter, es sei Zeit für das *paushimou*, die „große Schmückung". Das ist die Feier im Wald, mit der diese besondere Zeit abgeschlossen wird. Fast alle Frauen und Mädchen des Dorfes kamen mit uns. Zunächst ging als einziger Mann sogar der Onkel mit, der Bruder meiner Mutter. Er schützte uns aus sicherer Distanz. Wir gingen einen ziemlich weiten Weg zum Ahiwei-Bach, in dem es immer eine Menge Krebse gibt. Wir sollten viele fangen, vor allem meiner Schwester wünschten wir reiche Beute.

Nur zu dieser Reifeschmückung erhält eine Frau Federn

zur Zierde. Es ist das einzige Mal. Sonst schmücken sich Mädchen und Frauen nur mit Pflanzenfasern, Blättern oder wohlriechenden Blüten. Fell von Tieren und Federn oder Bälge von Vögeln sind für Männer. Aber dieses eine Mal erhält das Mädchen eben auch Federschmuck, und zwar ganz bestimmte Federn: die vom Mayëpë-Tukan und auch die leuchtend grünen Federn des Wërë-Papageis sind notwendig. Das ist wichtig, sagen die Alten. Man muss gut Bescheid wissen und viele Regeln beachten, wenn man zur Frau wird. Zum Glück war Großmutter da, die immer anordnete, was

zu machen und worauf genau zu achten sei und wo Gefahr für meine Schwester, aber auch für die ganze Gemeinschaft drohe. Ich passte gut auf, damit ich selbst später keine Fehler mache. Es ist für alle eine aufregende Zeit.

Als das Schmücken fast abgeschlossen war, bekam meine Schwester einen Baumwollgürtel um, der vorne geschlossen wird. Um die Brust legten ihr die Frauen einen langen weißen Baumwollstrang. Dann kamen die vielen Abbindungen an Armen und Beinen: über dem Knöchel, unter dem Knie und am Handgelenk banden sie weiße Kordeln. Unterhalb

der Schulter werden die etwas dicker gewickelten Oberarmbinden geschnürt. In diese Oberarmbinden wurden dann die strahlend weißen Büschel mit Palmfasern gesteckt, die ich gesucht hatte. Dazu noch Blätter, große gelbe Blüten und die Federn meines Onkels. Ebenso wurden die Ohrläppchen geschmückt. Zuletzt setzten sie meiner Schwester die Gesichtsstäbchen ein, lange Holzstäbchen, die im Sand des Baches glatt poliert worden waren. Ich konnte schon sehen, wie meine Schwester schöner und schöner wurde und sie wusste es auch. Ich merkte ihr ihre Freude an. Auch meine Freundinnen und ich, die wir die Nächsten sein werden, die die Reife erlangen, wurden geschmückt. So ist die Feier immer auch schon ein bisschen für die Nächstjüngeren, die dann bald dran sind.

Als alles fertig war, meine Schwester und auch wir Jüngeren wunderhübsch aussahen, kehrten wir zurück zum Dorf. Es war ein ziemlich langer Weg und meine Schwester ging die ganze Zeit voraus. Sie betrat das *shapono* durch den Haupteingang und ging drinnen ruhig die ganze Runde ab, wobei sie alle Abteile passierte. Die Männer und Jungen waren vollzählig. Niemand wollte ihre Rückkehr verpassen und deshalb war keiner zur Jagd gegangen oder zumindest früh zurückgekehrt. Manche pfiffen und stießen kurze hohe Schreie aus, so als kämen Besucher ins Dorf. Der junge Ehemann meiner Schwester war auch gewaschen und sein Haar war frisch geschnitten. Er saß still wie so oft in seiner Hängematte und strahlte meine Schwester scheu an. Sie schaute nicht zu ihm, setzte sich an unsere Feuerstelle und begann die Krebse zu garen. Dann verteilte sie sie mit meiner Hilfe an alle Abteile – am meisten bekamen wir jungen Mädchen ab! Am Abend sagte meine Mutter zu meiner Schwester: „Nun sprich laut!", und seither hören wir die Stimme meiner Schwester wieder.

Meine Schwester trug den neuen weißen Baumwollschmuck Tag und Nacht. Als sie wieder blutete, fastete sie nochmals ein paar Tage und erhielt dann frischen weißen Baumwollschmuck. Die alten Sachen, die mittlerweile ganz dunkel geworden waren, brachte meine Großmutter gut verpackt zu einem geheimen Ort im Wald. Das ist dort bei den Ewig-

keitssteinen, wo es immer kühl ist und wo auch die magischen Pfähle der jungen Schamanen aufbewahrt werden, nachdem sie ihre Initiation zum Schamanen erfolgreich bestanden haben. Dorthin hatte Großmutter auch schon den Blätterverschlag gebracht, hinter dem sie die ersten Tage verbracht hatte, und auch die Hängematte war dort sicher verstaut worden. Der Schmuck und die anderen Dinge, die meine Schwester verhüllt hatten, halten sich an diesem geheimen Ort lange Zeit frisch und so wird auch meine Schwester lange jung bleiben, jetzt als erwachsene Frau.

Dr. Gabriele Herzog-Schröder lehrt am Institut für Ethnologie der Universität München. Anfang der Neunzigerjahre lebte sie mit ihrem Sohn für mehrere Monate unter den Yanomami.

Positiv berührt

Das Kind braucht seinesgleichen

von Prof. Dr. Ulrich Gebhard

Dieses Buch zeigt, wie gut es sein kann, wenn wir uns in der Natur aufhalten. Die Kinderszenen machen das ebenso deutlich wie die Kindheitserinnerungen von Erwachsenen. Der hier zum Ausdruck gebrachte Gedanke, dass der Mensch in seiner körperlichen, seelischen und sozialen Verfasstheit, in seinem Wohlbefinden und auch in seinem Sinnbedürfnis durch Naturerfahrungen positiv berührt wird, ist ursprünglich eine romantische Idee. Bereits Immanuel Kant hatte diesen Zusammenhang hergestellt: „... dass ein unmittelbares Interesse an der Schönheit der Natur zu nehmen ... jederzeit ein Kennzeichen einer guten Seele ist."
Was genau ist das Gute an Naturerfahrungen?
Dass der Mensch im rein biologischen Sinne ein Teil der Natur und insofern auf sie unmittelbar angewiesen ist, stellt inzwischen niemand mehr infrage. Wenn wir allerdings annehmen, dass Natur auch im seelischen Sinne guttut, müssen wir uns Gedanken darüber machen, in welchen Natur-Umgebungen wir und unsere Kinder leben wollen. Alexander Mitscherlich äußerte bereits in den Sechziger-Jahren die Vermutung, dass eine besondere Entfremdung von Natur – wie in den „unwirtlichen Städten" – soziale und psychische Defizite hervorrufe und dass das besonders bei der Entwicklung von Kindern sichtbar werde. Demnach

„braucht" das Kind, was es als seinesgleichen empfindet: „nämlich Tiere, überhaupt Elementares, Wasser, Dreck, Gebüsche, Spielraum". Relativ eindeutig werden hier gleichsam menschliche Grundbedürfnisse postuliert. Schwierig bleibt dabei allerdings die Frage, was der Mensch für eine Umwelt braucht, welche Qualität und wie viel Natur.

Zu sehr hat sich die traditionelle Psychologie auf die Beziehung des Menschen zu anderen Menschen konzentriert. Die Persönlichkeit des Menschen wird in den meisten psychologischen Schulen mehr oder weniger ausschließlich als das Ergebnis der Beziehung zu sich selbst und der Beziehung zu anderen Menschen verstanden. In unserer Persönlichkeitsstruktur verdichten sich demnach die Erfahrungen mit sich selbst und den anderen Menschen; die nichtmenschliche Umwelt (also Gegenstände, Pflanzen, Tiere, Natur, Landschaft, Bauten) spielt in einem solchen, gleichsam zweidimensionalen Persönlichkeitsmodell nur eine untergeordnete Rolle. Die Erfahrungen, die Kinder in den ersten Lebensjahren mit vertrauten Bezugspersonen machen, bestimmen wesentlich die Persönlichkeit und auch, mit welcher Tönung und Qualität die Welt wahrgenommen wird. Erik H. Erikson hat dafür den Begriff „Urvertrauen" eingeführt. Die Frage ist nun, ob und in welcher Weise die dingliche und natürliche Umwelt etwas Analoges zu dem besagten „Urvertrauen" bedingen kann.

Das hat auch eine sehr praktische Dimension: zum Beispiel ist die Frage nach „Naturbedürfnissen" bedeutsam für den Städtebau, die Landschaftsplanung, die Architektur von öffentlichen wie privaten Gebäuden; es ist ganz einfach die Frage, wie sich äußere Natur in der inneren Natur des Menschen repräsentiert und was das für jeweilige Folgen hat. Zahlreiche Untersuchungen zur Kleinkindentwicklung heben hervor, wie wichtig eine vielfältige Reizumgebung ist. Neben dem Einfluss auf die Gehirnentwicklung trägt eine reizvielfältige Umwelt dazu bei, psychische Entwicklungsschritte anzuregen und zu fördern. Eine reizarme und auch eine reizhomogene Umwelt wirken sich in mehrfacher Weise negativ aus. Das Optimum liegt zwischen homogenen, immer gleichen, vertrauten Reizen einerseits und

sehr neuen und fremdartigen Reizen andererseits. Eine naturnahe Umgebung, in der sowohl relative Kontinuität als auch ständiger Wandel besteht, ist ein sehr gutes Beispiel für eine derartige Reizumwelt, die eine Mittelstellung zwischen neu und vertraut einnimmt. Eine solche „reizvolle" Umgebung lädt ein zur Erkundung, weil sie neu und interessant und eben zugleich vertraut ist. In Großstädten gibt es zunehmend die paradoxe Situation, dass Kinder sowohl zu schwach als auch zu stark gereizt sind. Einerseits fehlt häufig eine an Reizen reiche Spielumwelt, andererseits kann man von einer Überreizung in der Stadt sprechen, die häufig zu nervösen Symptomen führt.

In einer breit angelegten Befragung von 2400 Kindern zwischen 9 und 14 Jahren wird deutlich, welche Wirkungen die Kinder selbst ihren Naturerfahrungen zuschreiben. Zunächst ist bemerkenswert, dass für die meisten Kinder Natur und Umwelt die wichtigsten positiven Aspekte in ihrer Wohnumgebung sind. Bei den selbst empfundenen Wirkungen von Naturerfahrungen stehen Spaß (80 Prozent), Wohlfühlen (77 Prozent) und Entspannung (76 Prozent) deutlich an erster Stelle. Immerhin 70 Prozent der Kinder meinen, in der Natur so sein zu können, wie sie sind. Selten (10 Prozent) haben die Kinder Angst in der Natur. Natürliche Strukturen haben eine Vielzahl von für die psychische Entwicklung vorteilhaften Eigenschaften: Die Natur verändert sich ständig und bietet zugleich Kontinuität. Sie ist immer wieder neu (beispielsweise im Wechsel der Jahreszeiten) und doch bietet sie die Erfahrung von Verlässlichkeit und Sicherheit: Der Baum im Garten überdauert die Zeitläufe der Kindheit und steht so für Kontinuität. Die Vielfalt der Formen, Materialien und Farben regt die Fantasie an, sich mit der Welt und auch mit sich selbst zu befassen. Das Herumstreunen in Wiesen und Wäldern, in sonst ungenutzten Freiräumen, befriedigt Sehnsüchte nach „Wildnis" und Abenteuer. Auch in der Anthropologie geht man davon aus, dass es beim Menschen sowohl einen grundlegenden Wunsch nach Bindung und Vertrautheit als auch ein ebenso grundlegendes Neugierverhalten gibt.

Ein wesentlicher Wert von Naturerfahrungen besteht in der Freiheit, die sie vermitteln können. „Wir sind so gern in der Natur, weil diese keine Meinung über uns hat", sagt Friedrich Nietzsche. Daher müsste es – übrigens nicht nur für Kinder – mehr „freien" ungeplanten Raum auch in den Städten geben. In natürlicher Umgebung spielen Kinder

länger, lieber und weniger allein, ihr Spiel ist komplexer, kreativer und selbstbestimmter. Erst relative Freizügigkeit ermöglicht, sich die Natur wahrhaft anzueignen; die eigentliche Wirkung von Natur ereignet sich nämlich quasi nebenbei. Der Naturraum wird als bedeutsam erlebt, indem man eigene Bedürfnisse erfüllen, seine Fantasie schweifen lassen und seinen Träumen nachhängen kann. Auf diese Weise bekommt er eine persönliche Bedeutung. In dieser Hinsicht kann Naturerfahrung auch sinn- und identitätsstiftend sein.

Natur und Gesundheit

Die günstigen Wirkungen von Naturerfahrungen werfen immer häufiger die Frage auf, ob eine Entfremdung von der Natur sich in psychischer und somatischer Hinsicht nicht möglicherweise zwangsläufig negativ auswirkt, also krank macht. Bei Kindern wird sogar schon von einen „Nature Deficit Syndrom" (NDS) gesprochen.

Die empirischen Befunde zur belebenden und gesundheitsfördernden Wirkung von Natur sind vielfältig, Gesundheitsargumente werden bei politischen Entscheidungen

im Hinblick auf die Stadt- und Landschaftsplanung immer wichtiger. Naturräume mit Wiesen, Feldern, Bäumen und Wäldern haben eine belebende Wirkung und bewirken eine Erholung von geistiger Müdigkeit und Stress. Der Zusammenhang von Naturerfahrungen und Gesundheit wird häufig mit evolutionären Annahmen in Verbindung gebracht, wonach eine Präferenz von naturnaher Umwelt und vor allem entsprechende Wirkungen von Natur auf die seelische und körperliche Befindlichkeit mit biologisch fundierten Dispositionen zusammenhänge („Biophilie"). Nach der „Attention Restoration Theory" wirken sich Naturräume deshalb günstig auf die Gesundheit aus, weil sie einen Abstand zum Alltagsleben ermöglichen und weil Naturerfahrungen Aufmerksamkeit provozieren, die nicht anstrengt.

Viktor von Weizsäcker hat bereits im Jahre 1930 den Begriff „Gesundheit" folgendermaßen definiert: „Die Gesundheit eines Menschen ist eben nicht ein Kapital, das man aufzehren kann, sondern sie ist überhaupt nur dort vorhanden, wo sie in jedem Augenblick des Lebens erzeugt wird. Wird sie nicht erzeugt, dann ist der Mensch bereits krank." Die Frage in unserem Zusammenhang wäre dann, ob Naturerfahrung ein Faktor sein könnte, der bei der Erzeugung von Gesundheit wirksam ist.

Nach dem Konzept der Salutogenese ist davon auszugehen, dass Gesundheit und Krankheit keine puren Entgegensetzungen sind. Menschen bewegen sich stets in einem Kontinuum zwischen den Polen Gesundheit und Krankheit.

Wo wir uns hier befinden, wird wesentlich durch das soge-
nannte Kohärenzgefühl gesteuert. Es drückt die subjektive
Überzeugung aus, dass das Leben verständlich, beeinfluss-
bar und bedeutungsvoll ist.

Je stärker das Kohärenzgefühl ausgeprägt ist, desto besser
sind die Chancen, sich in Richtung des Gesundheitspols zu
bewegen. Und dieses Kohärenzgefühl wird durch Naturerfahrungen, durch Aufenthalte in der freien Natur, beim Wan-
dern, im Garten, im Kontakt mit Tieren gestärkt. Wir fühlen
uns wohl – und damit auch gesünder.

Naturerfahrung und Naturschutz

Häufig wird mit dem Plädoyer für Naturerfahrungen auch
die Hoffnung verbunden, dass Naturerfahrungen und Um-
weltbewusstsein positiv zusammenhängen. Eine Reihe von
empirischen Studien belegen nun in der Tat eine Korrelati-
on von positiven Naturerlebnissen und umweltpfleglichen
Einstellungen. Tendenziell zeigt sich, dass Naturerfahrungen in der Kindheit einer der wichtigsten Anregungsfakto-
ren für späteres Engagement für Umwelt- und Naturschutz
sind. Der zentrale Gedanke dabei ist, dass unser Gefühl für

die Natur eher von positiven Erlebnissen und von Intuition als von rationalen Argumenten geprägt wird. So ist es folgerichtig, in der Naturschutzdebatte die erlebnisbezogene und intuitive Ebene wieder salonfähig zu machen. Ich gehe davon aus, dass Naturerlebnisse vor allem und primär die Intuition beeinflussen und erst im zweiten Schritt beziehungsweise nachträglich – und nicht notwendigerweise – auch die Ratio, die Reflexion.

Bei meinen Überlegungen zur Bedeutung von Naturerfahrungen für Kinder ist dies jedoch nicht der zentrale Punkt.

Im Gegenteil: Mir geht es in meiner Argumentation eher darum, dass wir davon ausgehen können, dass Naturerfahrungen einfach guttun, und nicht, weil wir die Menschen damit moralisieren wollen.

Natur als Symbol

Die „Natur" stellt einen Symbolvorrat dar, der dem Menschen für Selbst- und Weltdeutungen zur Verfügung steht. Diese symbolische Dimension unserer Naturbeziehungen ist für den Menschen als „animal symbolicum" nicht unbe-

deutend, ist es doch gerade der symbolische Weltzugang, der es uns gestattet, unser Leben als ein sinnvolles zu interpretieren. Im Kern ist das die romantische Idee, die ich eingangs erwähnt habe. Im Verhältnis des Menschen zur äußeren Natur wird nämlich stets auch sein Verhältnis zu sich selbst sichtbar und aktualisiert. Die Erfahrungen, die wir in und mit der Natur machen, sind auch Erfahrungen mit uns selbst. Nicht nur, weil wir es sind, die diese Erfahrungen machen – das wäre trivial –, sondern weil Naturerfahrungen und Naturphänomene Anlässe sind, uns auf uns selbst zu beziehen. Die Natur wird zur „Membran subjektiver Erfahrungen und Leiden" (Caspar David Friedrich).

Natur eignet sich offenbar dazu, innere Seelenzustände in äußeren Gegenständen zu symbolisieren. Das gilt zum Teil auch umgekehrt: Das Erleben von äußerer heiler Natur kann eben heilsam auch für die innere Natur sein. So kann eine naturnahe und zugleich symbolisch bedeutungsvolle Umwelt dazu beitragen, das besagte Kohärenzgefühl zu stärken. Eine solche naturnahe Umwelt kann immer wieder zum Symbol eines geglückten, eines guten Lebens werden.

Prof. Dr. Ulrich Gebhard lehrt an der Fakultät für Psychologie der Universität Hamburg. Einer seiner Forschungsschwerpunkte ist die Bedeutung von Natur für die psychische Entwicklung.

Natürlich gibt es eine jenseitige Welt. Die Frage ist nur: wie weit ist sie von der Innenstadt entfernt, und wie lange hat sie offen?

Woody Allen

Ich war die Letzte der Gruppe; ich war ein wenig zurückgeblieben und beeilte mich gerade, den Abstand aufzuholen, als ich durch die Bäume hindurch eine Lichtung erblickte. Eine prächtige Tanne stand an ihrem Außenrand und in der Mitte ein kleiner Erdhügel, bedeckt von glänzendem, fast leuchtendem, grünem Moos. Die Strahlen der Nachmittagssonne fielen schräg auf das blauschwarze Grün des Nadelwaldes. Das kleine Dach, das vom Himmel zu sehen war, war von vollkommenem Blau. Das ganze Bild war von einer Vollständigkeit, einer solchen Vollkommenheit konzentrierter Kraft, dass es mich abrupt stehen bleiben ließ. Ich trat an den Rand der Lichtung und dann, behutsam wie an einem magischen oder heiligen Ort, in ihre Mitte, wo ich mich setzte und dann hinlegte, die Wange gegen das frische Moos gepresst. „Hier ist es", dachte ich, und ich fühlte die Angst, die mein Leben durchzog, von mir abfallen.

aus: **Jean Liedloff,** *Auf der Suche nach dem verlorenen Glück – Gegen die Zerstörung der Glücksfähigkeit in der frühen Kindheit*, Verlag C. H. Beck, München

Impressum

© 2011 by Südwest Verlag, einem Unternehmen der Verlagsgruppe Random House GmbH, 81637 München.

Hinweis

Die Ratschläge/Informationen in diesem Buch sind von Autoren und Verlag sorgfältig erwogen und geprüft, dennoch kann eine Garantie nicht übernommen werden. Eine Haftung der Autoren bzw. des Verlags und seiner Beauftragten für Personen-, Sach- und Vermögensschäden ist ausgeschlossen.

S. 104 Das Luftbild zeigt eine indianische Siedlung in Brasilien mit Giebeldächern. Typischerweise konstruieren die Yanomami jedoch Pultdächer.

Das Zitat auf Seite 142 wird mit freundlicher Genehmigung des Verlags C.H. Beck abgedruckt: Jean Liedloff, Auf der Suche nach dem verlorenen Glück. Verlag C.H. Beck oHG, München. © 1977 by Jean Liedloff. Original edition copyright © 1975 by Jean Liedloff. This translation published by arrangement with Alfred A. Knopf, Inc. (ISBN: 978-3406-58587-6).

Besonderer Dank

An alle Kinder und ihre Eltern, die dieses Buchprojekt unterstützt haben. Weiterhin an Yvonne Pitterle von ORT Medienverbund GmbH und Peter Anbergen von Anbergen Medienproduktion für die Bildbearbeitung.

Umschlaggestaltung

Christian M. Weiß, München. Unter Verwendung von Fotos von Gerd Heidorn

Gesamtproducing

Christian M. Weiß, München

Layout

Christian M. Weiß und Malte Roeper

Projektleitung

Dr. Harald Kämmerer

Redaktion

Susanne Schneider

Bildredaktion

Sabine Kestler

Bildnachweis

Fotografie: Gerd Heidorn, Oy Mittelberg, mit Ausnahme von: BrandxPictures/RF: 23 u.re. (Steve Satushek); Dickinson Nigel, Paris: 12, 104 o. (2), 106; Dr. Herzog-Schröder Gabriele, München: 16/17, 102/103, 104 u., 105, 107, 108, 109, 110 o.li., 111 o.li. und u., 113 (2), 114/115 (3), 116 o. und u.re., 117, 118/119 (3), 120/121 (2), 122/123 (2), 125, 126/127; gettyimages, München: 3 (Flickr/ Andy Buck), 4 u. li. (Look/Jan Greune), 6, 130 o.li. (Martha Lazar), 9 Mi. (Tim Hall), 14 li. (Peter Mason), 20 (stock4B/Sabine Fritsch), 46 o.li. (G. + M. David de Lossy), 49 (Barry Gnyp), 50 re. (Sandra Behne), 130 o.re. (Jupiterimages), 134 (Sami Sarkis), 135 o.re. (Sharon Dominick), 137 re. (Brian J. Kelly photography); Grube Nils, Heroldsbach: 98 u. (2), 99; Heidorn Gerd Archiv: 5 o.re., 14/15, 21 o.li., 31 li., 36/37, 39, 40 li., 41, 43 u., 101, 130 u.; istockphoto/RF: 22 o.li. (Inge Schepers), 22. u.li. (Artmann), 23 u.li. (Fotek), 110 u.li. (Eva Kaufmann), 111 re. (N.N.), 112 o. (Ray Roper) und u. (N.N.), 116 u.li. (Bruce Dowlen), 124 (N.N.), 132 (Alexandra Draghici) Mauritius, Mittenwald: 110 re. (Minden Pictures), 137 o.li. (Cultura), 138 o.li. (age); Neuhauser Stefan, Kempten: 4 o., 8 o.re., 30, 34/35 o., 98 o., 136; Neuner Magdalena privat: 50 li.; panthermedia/RF: 22 re. (Frank Rehermann), 23 o.re. (H.-J. Landshoeft), 24 (Viola Schwarz), 46 o.re. (Raphael Muschol), 46 u.li. (Fritz Bosch), 46 u.Mi. (Udo Rusch), 46 u.re. (Silvia Körner), 51 o.re. (N.N.), 51 u. (Sonja Willer), 54 Mi.re. (Gerd Duckstein), 55 u.re. (Tobias Bindhammer), 55 Mi.li. (H.-J. Bechheim), 56 u.li. (Silvia Koerner), 133 o. (Erich Schmid); plainpicture, Hamburg: 28/29 u. (Stefan Rosengren); Roeper Malte Archiv: 5 u. (2), 8 u.re., 17 re., 23 o.li., 34 o.li., 66 li., 68 o.li. und u., 72 li., 76/77 o., 80 o.li. und u., 81 u., 83 o., 84/85, 86/87 (4), 88/89 (2), 90/91 (3), 93 re., 94 li., 96 u.re., 128/129, 135 u., 137 u.li.; Rosenboom Stefan, Habach: 21 u., 33 re.o., 35 re.o. und u., 42/43 o., 51 li., 54/55 o. und u., 60 u.re.; shutterstock/RF: 25 (Pakhuyushcha), 140/141 (fotosav).

Druck und Bindung

Neografia, Martin
Printed in Slovakia

Verlagsgruppe Random House FSC-DEU 0100
Das FSC®-zertifizierte Papier
Profimatt für dieses Buch liefert Sappi, Ehingen

ISBN: 978-3-517-08621-7

9817 2635 4453 6271

FSC
www.fsc.org
MIX
Papier aus verantwortungsvollen Quellen
FSC® C020353